Maria Teresa Ferla

O homem da morte impossível
e outras histórias

Psicopatologia Fenomenológica

Prefácio
Eugenio Borgna

Maria Teresa Ferla

O homem da morte impossível
e outras histórias

Psicopatologia Fenomenológica

Prefácio
Eugenio Borgna

Tradução
Guilherme Wykrota Tostes

ArteSã

Belo Horizonte - 2011

O homem da morte impossível e outras histórias
Psicopatologia fenomenológica
Original italiano: **L'uomo dei ragni e altri racconti:** per una psichiatria
antropologicamente fondata. Edizioni ETS, 2007.
Copyright2011@ by Editora Artesã
Direitos reservados para a língua portuguesa: Editora Artesã

Nenhuma parte deste livro poderá ser reproduzida, sejam quais forem os meios,
sem a permissão, por escrito, da Editora Artesã.

Tradução: Guilherme Wykrota Tostes
Capa: Thiago Rabello
Imagens da capa cedidas por: FASAN, Armando. La moda, 1999/2009
Diagramação: Objeto de Arte Comunicação & Design
Revisão: Rachel Kopit Cunha

ARTESÃ EDITORA LTDA
www.artesaeditora.com.br
e-mail: contato@artesaeditora.com.br

159.97	FERLA, Maria Teresa.
F357h	**O homem da morte impossível e outras histórias:** psicopatologia fenomenológica. / Maria Teresa Ferla. Guilherme Wykrota Tostes (trad.); Eugenio Borgna (pref.) ___ Belo Horizonte: Artesã, 2011. 140 p.; 21cm.
	ISBN: 978-85-88009-18-9
	1. Psicologia. 2. Psicopatologia fenomenológica. 3. Psiquiatria. I. Título.

A meu pai

Prefácio..............9

Introdução
Uma leitura humana da loucura 15

O homem da morte impossível
O problema do diagnóstico em psiquiatria 20

Esta noite se representa sem sujeito
Elementos de uma experiência maníaca 33

O homem dos limões
A psicogênese do delírio 48

O Homem das Aranhas
A permeabilidade do autismo esquizofrênico 61

Para além daquela esquina
A hereditariedade da loucura: transmissão genética ou transmissão afetiva? 75

As mortes voluntárias de Paulo e Franco
O suicídio: falência terapêutica ou mistério antropológico? 86

Além de Medeia: as histórias de Estefânia e de Carmem
Maternidade e sofrimento psíquico 104

Uma história de loucura a três
As modalidades operacionais da nova psiquiatria 120

Posfácio 135

Prefácio

Simplificando um pouco as coisas, correndo o risco de destituí-las de sentido, digo que cada psiquiatria biologicista radical não se ocupa da vida interior, mas da vida exterior no sentido de Emmanuel Lévinas. Da vida interior, dos infinitos horizontes da interioridade, se ocupa cada psiquiatria hermenêutica e fenomenológica – como a delineada neste livro de Maria Teresa Ferla –, que se confronta com as emoções feridas e com as paixões, com os estados de ânimo e com a melancolia, com a mania e os enigmas da forma de vida esquizofrênica, de pacientes analisados e descritos não apenas em sua história clínica, mas, sobretudo, em sua história de vida.

As grandes experiências psiquiátricas emergem deste livro em sua fisionomia psicopatológica e clínica, mas também da antropologia e da fenomenologia de Jaspers, permitindo-nos considerar de um ponto de vista original e bem-documentado o autismo esquizofrênico nos seus fechamentos e (inesperadas) aberturas, os delírios e as alucinações na sua possível fundamentação histórica e genética, a significação clínica do diagnóstico em psiquiatria *não* petrificada na rígida nosografia, mas dialeticamente aberta a seus conteúdos existenciais ulteriores e à importância da conexão entre disposições constitucionais e influência dos fatores ambientais e emocionais.

A psiquiatria está vivendo um período histórico de radicais ambivalências e de escolhas que encerram dilemas, devido a suas premissas cognoscitivas e metodológicas. Sem cair em considerações inutilmente descritivas, pretendo apenas ressaltar como, em última instância, as psiquiatrias marcadas pelo paradigma biológico (que se torna biologicista quando cada ato psíquico vem a ser reduzido à expressão imediata e direta de uma alteração neuroquímica e neurofisiológica das estruturas cerebrais) podem se distinguir das psiquiatrias marcadas pelo paradigma hermenêutico – no qual se reconhecem a psiquiatria de natureza psicanalítica (freudiana e junguiana) e a de matriz fenomenológica (biswangeriana e jaspersiana) – que têm, como objeto de conhecimento comum, a vida psíquica considerada em sua autonomia funcional.

As psiquiatrias biológicas, quando se tornam biologicistas e são devoradas pelo reducionismo biológico, diferenciam-se radicalmente das psiquiatrias hermenêuticas não apenas com relação a esses aspectos teóricos preliminares, mas também com relação à concepção da doença (distúrbio psíquico) e às modalidades de encontro terapêutico com cada paciente.

O diagnóstico em psiquiatria não pode deixar de ser considerado em sua importância radical, todavia não pode ser tomado como absoluto: a monotonia e as simplificações diagnósticas (a alternativa, de fundo, entre as experiências psíquicas depressivas e maníacas, ou dissociativas) se referem a formas radicalmente diferentes de angústia e sofrimento, de fragmentação do eu e do tempo, no contexto de cada formulação diagnóstica.

Esse é um dos nós temáticos da psiquiatria. Assim, é necessário ir para além das articulações diagnósticas que possuem o valor de uma orientação clínica *formal*. Nelas é necessário inserir os conteúdos histórico-vitais, emocionais e interpessoais que se alteram de uma situação clínica a outra.

Não há, além do mais, aliança entre a farmacoterapia e psicoterapia que se mova fora dessa análise de aspectos individuais com a qual cada depressão, cada esperança obsessiva, cada esperança maníaca e cada esperança esquizofrênica vem a ser revivida e descrita pelo paciente.

Esses são elementos que Maria Teresa Ferla coloca em drástica e rigorosa evidência, para além de toda esquematização e de toda absolutização.

Outras linhas temáticas se entrelaçam em uma rigorosa continuidade formal com aquelas ora indicadas: configuram-se, assim, cenários diversificados e múltiplos nos quais, em cada caso, os sintomas são decifrados em seu núcleo escondido e originário: aquele interior e fenomenológico.

Temos aqui páginas muito belas sobre a realidade e sobre o mistério do suicídio, sobre as perguntas fatais que cada suicídio arrasta consigo quanto às estratégias terapêuticas praticadas e quanto às dolorosas constatações de imprevisibilidade no que se refere ao modo com que o suicídio possa ser imaginado e realizado. Não faltam aqui reflexões sobre psicopatologia e clínica, antropologia e ética, sobre a sintomatologia e suas diversas maneiras de constituição (na *Gestalt* clínica e na evolução). São reflexões muito intensas e apaixonadas, como as dedicadas ao estudo daquela loucura que, dentro de uma família, se estende contagiando seus componentes em um turbilhão de angústia e desespero: a simples análise sintomatológica e clínica não consegue atingir sua profundidade e dimensão psicológica e humana.

Este livro nos demonstra uma psiquiatria social na qual toda a equipe terapêutica está empenhada.

Como eu dizia inicialmente, os ilimitados territórios da interioridade, da subjetividade, definem-se como premissas às investigações e reflexões que se delineiam nos ensaios que compõem este livro. Não há, aliás, conhecimento da vida interior do outro (de quem é cuidado) sem o conhecimento da própria vida interior (da vida interior de quem cuida). Dessa experiência inalienável de intersubjetividade, o livro é testemunho absoluto: para além de cada reducionismo possível. Mas o livro se confronta com a interioridade, com a camada escondida e secreta de uma interioridade na qual a psicose e então a solidão autista abre uma fenda, às vezes profunda e inexorável, que recoloca em discussão o tema crucial da linguagem: linguagem da palavra e da exigência às vezes inalienável da linguagem do corpo. Não nos referimos aqui, obviamente, a corpo-coisa, corpo-objeto, quando se acena à sua dimensão semântica e cognoscitiva – e também terapêutica –, mas referimo-nos a corpo-sujeito, corpo significante. Esta é uma distinção tão decisiva quanto ignorada por toda psiquiatria que renuncia à interpretação e à decifração do *sentido* dos eventos psíquicos.

Nos horizontes temáticos da psiquiatria se escondem as emoções marcadas e seladas pelas vertigens da dor e da angústia, pela esperança e pelo desespero, pela luz e pela noite, e às vezes pelo suspiro fatal da morte voluntária: como expressão de uma cascata de emoções dilaceradas pelos eventos da vida e pelo destino.

São emoções que fazem parte da vida: da vida quotidiana, mas também da vida psicopatológica – como a experiência nos demonstra – mas são emoções que podem se incendiar e adoecer, podem se tornar áridas e se esvaziar de sentido, testemunhando, em cada caso, a pulsante vitalidade das almas feridas e abatidas pelo sofrimento e pela angústia.

São emoções, modos de ser e de viver, inapreensíveis e indecifráveis em sua profundidade se nos limitarmos a analisá-las com instrumentos do conhecimento racional (da *raison* cartesiana); porque elas se revelam na sua autêntica e complexa dimensão psicológica e humana *apenas* se, ao conhecimento racional, se unir aquele intuitivo: o conhecimento que nasce das pascalianas razões do coração.

Sendo esta a atual condição da psiquiatria, sendo esta uma das psiquiatrias possíveis – que deste livro emerge com grande relevância psicopatológica e antropológica – o que é, então, a loucura, quais são seus elementos constitutivos e seus horizontes de sentido?

A primeira imagem que se tem ou se tende a ter da loucura no contexto da opinião pública é aquela que nos leva a identificá-la como uma forma de vida na qual hão de alternar-se insignificância psicológica e humana, dissociação psíquica e incoerência, incapacidade de experimentar sentimentos e emoções, agressividade e indiferença aos valores, insensibilidade e – rótulo que reúne em si cada uma dessas definições – violência.

As coisas serão diferentes se nos aproximarmos deste livro sem preconceitos, e se acompanharmos os destinos dolorosos e, todavia, não privados de uma esperança às vezes contra qualquer esperança. Quanto à conotação tão injustificada da loucura, de uma forma de vida esquizofrênica ou também depressiva como fonte de agressividade e violência incontrolável, quero aqui me referir a algumas coisas que este livro não pode deixar de suscitar.

Loucura não é violência, loucura não é evento natural queimado pela insignificância; a loucura é, em todo caso, experiência histórica (ainda que uma história de angústia e sofrimento, de desespero e tristeza) e experiência social: não há loucura no reino animal. Loucura e liberdade são, de certo modo, os paradigmas que separam radicalmente e ontologicamente a vida humana da vida animal e, ainda mais, da vida natural. A violência que por vezes se manifesta nas áreas da loucura é certamente muito menos frequente do que a das pessoas consideradas "normais"; e também é algo (uma realidade) que o conhecimento público tende facilmente, muito facilmente, a ignorar e esquecer.

A loucura não é estranha (radicalmente estranha) à vida: em alguns dentre nós, certo, ela se manifesta com grande intensidade e com um diapasão flamejante de angústia e dissociação – é então a doença – mas loucura é *uma* possibilidade humana que está em nós, em cada um de nós, com suas sombras pouco ou muito espessas e dolorosas: com suas agostinianas inquietações e com suas incandescências emocionais, das quais tentamos, a cada vez, escapar febrilmente, removendo-as.

A loucura não é algo que separe e distancie para sempre – como um tumor – os afetados dos não afetados, excluindo-os naturalmente da comunidade e pela comunidade: como aconteceu e ainda acontece, na trilha do poder inexorável e fatal das convenções e preconceitos: das convicções (falsamente) científicas e (falsamente) morais: na história recente e distante da psiquiatria, entrelaçadas às outras, há uma terrificante aliança.

A distância, a separação, entre uma experiência psicótica, que é o núcleo temático da loucura, e uma experiência de vida não-psicótica, frequentemente *não* é apenas qualitativa, *mas* também quantitativa: a angústia, por exemplo, é uma experiência da vida que está presente, em maior ou menor grau, em cada um de nós. Aliás, como escreveu Kurt Schneider, um dos grandes psiquiatras de nosso tempo, ai de quem *não* experimentar ou *não* experimentou, em nossa vida, sentimentos de angústia. Somente quando a angústia aumenta e fica acentuada, se torna incandescente e incompreensível, se torna, então, doença, com necessidade de cuidados também farmacológicos e psicológicos.

Este é um livro que vive das palavras, das experiências vividas, das emoções e imagens, dos pacientes escutados e descritos em sua palpitante e dolorosa imediatez, e em sua espontaneidade: *nunca* ressequidas e sufocadas pela linguagem esquemática e por jargões da psiquiatria dos questionários, como a definia, com a sua mordaz ironia, Ferdinando Barison. Mas este é também um livro que faz pensar e que nos confronta com alguns pontos essenciais da psiquiatria de hoje e, em particular, a decisiva importância da relação, do ser-em-relação, não só no tratamento como também no conhecimento. Não há conhecimento, em psiquiatria, a não ser na circularidade infinita das experiências de quem cuida e de quem é cuidado – como a fenomenologia de Jaspers tem, desde sempre, ensinado a cada um de nós.

Este é um livro que não apenas psiquiatras e psicólogos deveriam ler, mas também enfermeiros e assistentes sociais, e eu diria até mesmo todas as pessoas chamadas a se confrontar com o sofrimento psíquico.

Eugenio Borgna

Introdução

Uma leitura humana da loucura

Dentre os muitos preconceitos que a opinião pública, impelida pela cultura contemporânea, tem sobre a loucura, há com certeza a questão de mostrar e enfatizar sua "monstruosidade", a ausência de qualquer significado ou dignidade.

As histórias relatadas neste livro pretendem fazer reemergir a imagem essencial da loucura como experiência humana, marcada por emoções e por vivências comuns e compartilháveis também pelos chamados normais. A loucura é, de fato, algo humano, experiência humana.

São as próprias emoções a se incendiar e adoecer, tornar-se áridas e se esvaziarem: testemunham, em cada caso, a pulsante vitalidade de pessoas feridas e abatidas pelo sofrimento e pela angústia[1]. A loucura não nasce como evento natural, biológico, desqualificada pela insignificância, mas é experiência histórica e social do homem: uma história feita de afetos, rostos, traições, abandonos, diálogos jamais iniciados ou quiçá muito frequentemente interrompidos; história de encontros que selam ou não, a possibilidade da confiança – que é a categoria primária das relações humanas. Fundamental para a compreensão da dinâmica relacional é o conhecimento da história da família, hoje tão em crise e também atacada em seus fundamentos e em sua própria existência.

As profundas realidades da experiência humana às vezes emergem com maior transparência e autenticidade justamente nas experiências psicóticas; nas condições normais, ficam escondidas e imersas no descuidado quotidiano, no pensamento comum que raramente se

---

[1] BORGNA, E. *Come se finisse il mondo*. Milão: Feltrinelli, 1995.

detém a refletir, observar ou se deixar questionar pelos acontecimentos e pelas indagações que constituem o coração mesmo do homem. A experiência da culpa, da doença, da angústia e da tristeza devorante, da esperança dilacerada e congelada, das emoções que não dão mais asas ao pensamento, da solidão que pode chegar até ao isolamento autista; a experiência da morte e do morrer, a vivência do tempo interior muito diferente do tempo objetivo dos ponteiros do relógio, a experiência de não-liberdade: são experiências das mais dolorosas e perturbadoras que nascem da forma de vida psicótica[2]. Certamente, essas experiências podem ser identificadas somente se existir emoção, ou seja, participação e sintonia profunda com o outro, por parte do ambiente interpessoal e familiar, além do terapêutico. Caso contrário, o paciente afundará sempre mais no próprio mundo interior perdendo qualquer saudade e desejo do outro, perdendo qualquer vontade de alteridade[3].

Não se conhecem as causas das experiências psicóticas e nem mesmo existem instrumentos terapêuticos causais para diagnosticá-las; deparamo-nos apenas com a sintomatologia das quais se podem vislumbrar, às vezes, condições existenciais que podem favorecer o seu surgimento em forma de distúrbios e doenças. Uma dessas situações coincide com a passagem de uma fase de vida a outra: em particular da adolescência à juventude; desta à idade adulta, da idade adulta à velhice. Em cada uma dessas passagens, os acontecimentos podem determinar uma crise. Especialmente aqueles entre nós que são mais frágeis, mais emocionalmente sensíveis, portanto frequentemente mais sós, pelos quais a família ou outros âmbitos sociais – que estão na base da aquisição de um pertencimento e de uma identidade – não se constituem como referência válida, podem naufragar no mar da loucura. Emoções, afetos feridos e doentes, sem comprometimento da inteligência: as ex-

---

[2] BORGNA, E. *Noi siamo um colloquio*. Milão: Feltrinelli, 1999.

[3] BORGNA, E. *I confliti del conoscere: strutture ed esperienza della follia* . Milão: Feltrinelli, 1988.

periências psicóticas, realmente, não têm a ver com os distúrbios de inteligência e das funções cognitivas; são as emoções que ficam dilaceradas nos seus modos de ser.

Para além de todas as classificações diagnósticas e das tantas denominações analíticas que as diversas escolas de psiquiatria procuram definir, podemos agrupar as experiências psicóticas em dois grandes grupos: No primeiro – o das psicoses depressivas –, os distúrbios estão marcados pela presença de desequilíbrios emocionais no sentido depressivo ou maníaco. No segundo grupo, entram as psicoses dissociativas, nas quais os distúrbios são acompanhados por modificações emocionais, mas também emblematicamente marcadas por uma profunda metamorfose do pensamento e das relações interpessoais com o mundo das pessoas e das coisas, até precipitar em uma condição de solidão desesperada e estranheza, de percepções alteradas e perda (aparente) da vida emocional. É necessário saber ir além do diagnóstico, que tem apenas valor de orientação clínica, para analisar e escutar a vida que grita, em silêncio, o seu desespero e a sua nostalgia – essa é a missão de uma psiquiatria humana. É possível conduzir uma terapia adequada somente se nascer, entre quem cuida e quem é cuidado, entre quem assiste e quem é assistido, uma relação nutrida pela confiança e humildade, escuta e diálogo, mesmo quando no silêncio. Se quem cuida tem a percepção de que no transtorno-*loucura* existem significados e valores a serem reconhecidos, respeitados e acolhidos, então quem é cuidado pode ter esperança enquanto espera a cura.

As histórias narradas neste livro documentam mais do que um discurso teórico ou clínico. Elas foram encontradas com surpresas dentro do trabalho quotidiano. Quiçá quantas outras ainda estão gritando com essas modalidades e encontram, ao invés, muito frequentemente, apenas distração, descuido, indiferença, algumas vezes violência (obviamente não intencional). Violência involuntária e encoberta, que se manifesta, sobretudo, na incapacidade de sintonia profunda com a si-

O homem da morte impossível e outras histórias

tuação da pessoa que se tem à frente. Não seria possível enfrentar a experiência da loucura assim como se tentou descrevê-la e documentá-la neste livro sem a contribuição inovadora da psiquiatria fenomenológica que – a partir do início do século XX, na esteira da fenomenologia husserliana, com psiquiatras como Ludwig Binswanger[4], Kurt Schneider[5], Danilo Cargnello[6], Eugenio Borgna[7], Bruno Callieri[8] –, repropôs a subjetividade como coração do conhecimento e da compreensão de cada experiência psicopatológica e de cada estratégia terapêutica decisiva.

À gratidão pelo encontro com aquela escola e em particular a um de seus mais ilustres mestres – o professor Eugenio Borgna –, se agrega, com o passar do tempo, vistas as turbulentas águas pelas quais navega a psiquiatria, tão frequentemente reduzida a biologismo ou sociologismo), o desejo e a decisão de ser testemunha e continuadora de tal pensamento e de tais modalidades operativas[9]. Atualmente, isso significa nadar contra a correnteza, navegar em uma jangada em relação aos grandes navios de cruzeiro nos quais muitos embarcaram. Nossa jangada se dirige à rota misteriosa do sofrimento[10], escutando e interpretando suas ressonâncias secretas, invisíveis aos olhos da razão

---

[4] BINSWANGER, L. *Per uma antropologia fenomenológica*. Milão: Feltrinelli, 1970.
[5] SCHNEIDER, K. *Psicopatologia clinica*. Roma: Città Nuova, 1983.
[6] CARGNELLO, D. *Alterità e alienità*. Milão: Feltrinelli, 1977.
[7] BORGNA, E. *L'arcipelago delle emozioni*. Milão: Feltrinelli, 2002.
[8] CALLIERI, B. *Quando Vince l'ombra. Problemi di psicopatologia clínica*. Roma: Città Nuova, 1982.
[9] FERLA, M.T.; MITTINO, F. *Psicopatologia e prassi psichiatrica*. In: BALLERI, A. ; CALLIERI, B. (Org.). *Breviario di psicopatologia*. Milão: Feltrinelli, 1996. p. 75-77.
[10] WIEL, S. *L'ombra e la grazia*. Milão: Rusconi, 1985.

cartesiana, reconhecíveis apenas pela razão do coração (no sentido de Pascal[11]) e pela intuição hermenêutica e fenomenológica[12].

---

[11] Blaise Pascal (1623-1662) buscou separar a ciência em si, do ser humano, não aceitando o matematismo cartesiano como elemento fundamental capaz de compreender toda a realidade humana. *O coração tem razões que a própria razão desconhece* – tal afirmação se apresenta enquanto um convite para mostrar que a ciência e o tecnicismo não conseguirem dar uma resposta definitiva quando o assunto é o homem. (N.T.)

[12] CAZZULLO, C. L. La fenomenologia: terreno di incontro tra filosofia e psiquiatria. In: CAZZULLO, C. L.; SINI, C. *Fenomenologia: filosofia e psiquiatria*. Milão: Masson, 1984.

O homem da morte impossível

O problema do diagnóstico em psiquiatria

A história aqui narrada quer documentar como a escuta ao paciente e a abertura ao encontro, privada de preconceitos e esquematismos nosográficos, são instrumentos fundamentais para se chegar a um correto *diagnóstico*, além de serem insubstituíveis instrumentos de ajuda. Casos que poderiam ser enquadrados e identificados por números depois da compilação de questionários ascéticos, chegando a um diagnóstico sem nem mesmo ver ou encontrar o paciente (como pode acontecer também em prestigiosas clínicas universitárias), ganham luz e significados bem diferentes se realmente se escutam os pacientes para buscar reconstruir a história deles com paciência e atenção.

Em tal ótica também é possível chegar a diagnósticos "sofisticados" ou raros como o de Cotard, porque "Há mais coisas entre o céu e a terra, Horácio, do que sonha tua vã filosofia"[13].

Psicopatologia revisitada

A síndrome de Cotard[14], na qual se insere o caso de que trataremos, é marcada pela negação do próprio corpo e da própria existência,

---

[13] SHAKESPEARE, W. *A tragédia de Hamlet:* príncipe da Dinamarca. 3.ed. rev. Tradução de Péricles Eugênio da Silva Ramos. São Paulo: Abril Cultural, 1976. p. 58. (Ato I, cena V, linhas 166-167)

[14] COTARD, J. Du délire hypochondriaque dans une forme grave de la mélancolie anxieuse. In: *Annales Médico-psychologiques*, 38, 168-174, 1880.

pela anulação da possibilidade de vida mesma. Está relacionada, fundamentalmente, a um distúrbio da consciência do eu e é uma forma depressiva que se insere naquele grupo em que há distúrbio da consciência do eu, pois apresenta experiência de estranheza.

O sentimento de estranheza alopsíquica, ou seja, sentimentos de estranheza frente ao mundo e à realidade externa, é encontrado nas depressões psicóticas (de estranheza) consideradas marginais em relação às nucleares, essas formas endógenas estigmatizadas pela presença da tristeza vital (no sentido de Max Scheler[15]).

A síndrome de Cotard deveria ser classificada dentro dessas depressões, nas quais testemunhamos a metamorfose da familiaridade, do conhecimento que se tem do próprio mundo interior, do próprio espaço interior (estranheza autopsíquica).

Pelos autores franceses[16], é considerada uma síndrome depressiva; na psiquiatria alemã[17] e na americana, é tomada com autonomia e originalidade próprias, até mesmo considerada, por alguns autores, como mais de natureza dissociativa do que depressiva. Essa síndrome é extremamente fascinante, como sublinhou Starobinski[18].

Novamente assistimos a mais uma comprovação de como nenhuma hipótese diagnóstica ou nosográfica é capaz de conter, em si mesma, a vastidão da clínica. O núcleo central da síndrome de Cotard é o delírio que se insere no contexto das experiências depressivas delirantes que são radicalmente constituídas pela experiência de culpa; esta, de fato, é também definida como experiência delirante melancólica. Em

---

[15] SCHELER, M. *Il formalismo nell'etica*. Milão: San Paolo, 1996.

[16] STAROBINSKI, J. *L'immortalité mélanconique*. Le temps de la réflexion. Paris: Gallimard, 231-251, 1982.

[17] WEITBRECHT, H. J. *Compendio di Psichiatria*. Padova: Piccin, 1970.

[18] STAROBINSKI, J. *L'immortalité mélanconique*. Le temps de la réflexion. Paris: Gallimard, 1982. p. 231-251.

cada expressividade clínica da síndrome de Cotard, existe uma experiência de culpa, mesmo que nem sempre se manifeste com clareza.

A tematização delirante é a da imortalidade: na síndrome de Cotard, não se morre porque já se está morto (primeira variação); ou mesmo não se morre porque não se pode morrer (segunda variação). Isto é, a experiência da morte desaparece da vivência, não se torna mais uma possibilidade para o ser humano – a verdadeira, última, radical possibilidade, segundo Heidegger –, mas uma impossibilidade. Não se morre mais, mas fica-se submerso em uma angústia, em um sofrimento sem fim, porque não se tem fim, ou então já se está morto, mas sobrevive-se ao além da morte, prisioneiro do tempo, em uma permanente angústia mortal.

Isso pode vir acompanhado da experiência do delírio de negação: tudo desapareceu no próprio corpo: meu coração desapareceu, o meu estômago, o meu cérebro...; de meu corpo vivo, nada mais subsiste, nem de meu corpo-coisa, e não obstante, continuo a viver nesta morte que não chega jamais a dar seu último passo. Quando o passo é dado, se está morto, porém sobrevive-se nessa imortalidade perene e eterna. Não é mais possível possuir a experiência da morte porque o futuro desaparece, passa a ser anulado.

Como nessas experiências de estranheza e de negação, enxerta-se a experiência do demoníaco que permanece um fato enigmático. O distúrbio da consciência de existir pode atingir um tal grau que os pacientes não se sentem mais dotados de identidade egoica determinada e circunscrita, mas "sentem-se" como entidades explodidas, por isso esvaziadas e ocupadas pelo demônio, isto é, pelo vazio, e ocupam o universo inteiro (veja-se o delírio de grandeza descrito por Cotard, em alguns casos extremos, interpretado como uma possível compensação ao delírio melancólico).

Pela originalidade e peculiaridade que a caracteriza, essa síndrome não pode deixar de gozar de uma posição nosográfica própria, entre a experiência depressiva e a dissociativa.

Extremamente delicado e complicado é, portanto, o problema do tratamento psicofarmacológico: trata-se de saber captar quando a depressão se agrava, adentrando a experiência do demoníaco ou da decomposição niilista, ou ainda quando cai no turbilhão da dissociação do corpo (agravando, assim, o risco de suicídio em uma frenética busca pela morte voluntária); pode-se, então, adaptar a estratégia farmacológica, passando da utilização de antidepressivos à de neurolépticos.

A nossa história

Hélio nasce em 1940, em uma cidadezinha provinciana, primogênito de dois irmãos, de uma mãe que esteve internada várias vezes em hospital psiquiátrico devido a distúrbio ciclotímico, como a avó materna e a tia. Este grande peso anamnésico não chegamos a ouvi-lo relatar, porque seu caráter e temperamento muito reservado e fechado faziam com que não falasse facilmente de seus afetos ou lembranças de infância, e também porque, quando internado, ele ficava completamente transtornado pela experiência depressiva delirante.

Do pai, recorda-se apenas da morte, ocorrida em 1971, como o acontecimento depois do qual se deu a manifestação dos primeiros transtornos de tipo depressivo. Dois anos antes, casa-se com uma conterrânea com a qual tem sua única filha, Cristina, que terá um papel muito importante no desenvolvimento dos temas de culpa e maldição que emergem ao longo de anos, sobretudo depois da escolha da filha de entrar em uma ordem religiosa secular, num instituto local.

Hélio é pedreiro e um acidente de trabalho em 1975 lhe causou uma fratura vertebral amielínica sem consequências importantes, mas que constantemente retornava às suas lembranças com intensa emotividade. Trabalhou até os anos de 1980. Em 1985, foi-lhe concedida aposentadoria por invalidez e ele deixa definitivamente a atividade laboral.

A psiquiatrização

De 1973 a 1978, Hélio foi internado várias vezes, com a média de uma internação por ano. Em 1975, uma, devido a uma "síndrome depressiva". A primeira internação se deu na Neurologia, em 1973, com o diagnóstico de "síndrome depressiva hipocondríaca". De 1976 a 1978, as internações foram, na maioria das vezes, em clínicas privadas. Desde 1989 foi instaurada, pelos colegas neurologistas, uma terapia com levodopa por vários anos aventando um diagnóstico de parkinsonismo acinético. É referida uma tentativa de suicídio por fármacos em 1975 e um frustrado suicídio em 1992, motivo pelo qual chega à nossa Unidade pela primeira vez em 1992, ali permanecendo internado por dois meses. O paciente provinha da Divisão de Traumatologia onde estava internado havia uma semana, com "fraturas múltiplas de costelas por politraumatismo" por ter-se jogado debaixo de um carro em movimento.

Do prontuário à entrada na nossa Unidade:

"Eu queria morrer... já é demais, não posso viver assim! Há sete anos estou deprimido e não durmo... quis colocar um ponto final... Agora estou angustiado pelo pensamento de morrer pelas lesões que obtive".

Observa-se uma profunda modificação no nível do humor, ainda que transformados os conteúdos da consciência, na qual a intencionalidade autoagressiva parece ter deixado espaço para uma temática hipocondríaca. Nos primeiros dias de internação, prevaleceram as preocupações relacionadas às precárias condições físicas, por isso foram realizadas consultas por pneumologistas e traumatologistas e foi iniciada uma terapia com anticoagulantes.

Depois de dez dias, foi aclarado o prognóstico. Na vertente psicopatológica, o paciente atribui a atitude praticada a preocupações *"por causa da frágil saúde da mulher"* e à insônia que fazia alguns dias tinha sumido e que também pela cônjuge veio confirmada junto a uma inquietação recente. Segundo o prontuário, depois de quinze dias: "Cada discurso se converge sobre o próprio mal-estar, percorre a longa história clínica sem, porém, se aprofundar em qualquer vivência. No momento diz sentir-se mais sereno e conclui: *'Eu deveria me conformar a essa condição'"*.

Foi introduzido na terapia um antidepressivo que, porém, veio a ser suspendido depois de uma semana devido ao surgimento de um estado ansioso com vivências delirantes, consequências de terríveis cirurgias traumatológicas pelas quais se via condenado, não obstante a consulta de controle traumatológico realizada naqueles dias confirmasse um bom recomeço com a possibilidade de começar a sair da cama e de ficar na cadeira de rodas. Continua-se, por isso, com uma terapia benzodiazepínica à qual se adiciona a tioridazina. No plano psicopatológico, assiste-se, naqueles dias, a um afastamento total e acrítico das preocupações pela vertente somática:

"Tenho medo de morrer... tenho uma doença grave que não me deixa dormir... nunca vi uma pessoa doente como eu".

O tom de voz é monocórdio, e a gesticulação expressa uma ânsia marcada, mesmo se depois, de modo totalmente imprevisível, agrega uma piada rindo: *"Mas como fazem os arganazes[19] para dormirem assim? Não será possível usar qualquer substância que eles possuem?"*

Essa alteração, sem fio de continuidade, de argumentações "desesperadas, de morte eminente" a piadas quase críticas ou envolvendo temas mais quotidianos é uma característica que comumente encon-

---

[19] Pequeno mamífero roedor, que passa o inverno em letargo. Dormir como um arganaz significa dormir muito e profundamente. (N. T.)

O homem da morte impossível e outras histórias

traremos em nosso paciente e que muitas vezes nos fizeram pensar em uma subestrutura histriônica que emergia no momento em que o componente depressivo começava a se desfazer. Um eletroencefalograma (EEG) e uma tomografia axial computadorizada (TAC) do crânio excluem patologias cerebrais.

Esses resultados foram comunicados ao paciente, ao qual se diz também que será iniciada uma terapia com injeções intravenosas: *"Como você sabe mentir bem! Não me faça sofrer mais... não posso tomar as injeções porque não posso mais receber nada: não tenho mais veias... que morte absurda! Espero que minha filha venha esta noite... eu queria vê-la uma última vez... não tenho mais lágrimas... eu queria dormir... daqui a pouco terei toda a eternidade para dormir (chora sem lágrimas com uma máscara trágica no rosto)... suplico-lhe, me mande para casa para morrer, também porque minha mulher não aguenta mais... Amanhã me cortareis a perna, não é verdade? Essa não é a depressão, porque a depressão comendo sara: essa é uma terrível doença que não sara. É como se eu estivesse morto, mas o meu cérebro ainda funciona".*

Inicia-se um tratamento com antidepressivos intravenosos.

Passam-se quinze dias de angústia e de insônia, nos quais as temáticas de delírio de morte e aquelas hipocondríacas dominam o quadro. Por isso, inicia-se a retomada física e psicomotora com o passeio espontâneo e autônomo. O nível do humor aparece mais eutímico, o sono se faz mais regular; não chama mais atenção para vivências hipocondríacas ou de morte: *"Estou melhor: continuarei a me cuidar em casa; devo aprender a conviver com a minha insônia".* Nesse espaço de tempo, os colegas do serviço ambulatorial já tinham vindo algumas vezes para conhecê-lo e para começar a cuidar dele. Recebe alta com a seguinte indicação terapêutica: *clorimipramina* (antidepressivo tricíclico) em meia dosagem.

A história continua...

Passam-se cinco anos durante os quais Hélio vem seguindo ambulatorialmente sem realizar nenhuma internação, gozando de discreto bem-estar mesmo que o estilo de vida seja marcado por escassas relações sociais; as observações de dependência da esposa são sempre mais marcadas, enquanto, nas relações com a filha, é verificado, sobretudo da parte dela, um progressivo desapego do pai, visto o extremo envolvimento emotivo do pai e a sua rejeição não explicitada, mas clara, em relação à sua escolha de vida. É feita, porém, depois de cinco anos, outra internação. Leiamos a anamnese clínica da entrada: "ele reinterna por indicação do psiquiatra que o acompanhou nos últimos anos e que solicita a internação devido à precipitação de uma condição depressiva motivada por propósitos autolesivos e por intenção de morrer. O nível do humor está modificado, se observa uma significativa inibição: *Fazem trinta anos que me cuido e estou sempre mal. Eu queria fazer com que a noite passada fosse a última, mas me impediram'"*. Atualmente está em tratamento com bromperidol (neuroléptico) e amitriptilina (antidepressivo).

Inicia-se um tratamento com outro antidepressivo. A partir da sessão com seus familiares, compreende-se que o paciente gozou de um período de discreto bem-estar até dez dias antes da internação, quando começou a ter insônia imprevisivelmente, a se fazer irrequieto e a manifestar preocupações exageradas com a saúde da esposa, que tinha tido apenas uma leve gripe.

Sessão com o paciente: mostra-se extremamente lento; a gesticulação é fixa, rígida como uma máscara. Diante da minha pergunta: "Como vai?", responde: *"Não somos, não existimos nem nós nem todo o resto: somos todos mortos... Deverei sofrer uma pena infinita, por culpa minha. A realidade é inexistente. Minha mulher está muito mal: foi acometida por uma doença incurável, como se deu comigo... Sou condenado a morrer por uma maldição eterna".* Além das temáticas delirantes de negação e de maldição, observa-se o aparecimento de um comportamento regressivo: o paciente deita no chão: *'Já estou morto, devo deitar no chão'*. Depois de alguns dias, introduzimos um tratamento, por via venosa, de um antidepressivo (clorimipramina). Na mesma noite, grave episódio de angústia e de insônia com alucinações visuais de tipo complexas, que de manhã vinham descritas pelo paciente assim: *"Essa noite teve um vento forte* (que na realidade aconteceu)*: esse vento levou embora tudo. Sonhei todas as minhas mortes uma a uma. Vi e escutei minha filha cair num abismo, como se fosse o fim do mundo: perdi para sempre a minha filha"*. O tom de voz é sério, e se colocou de frente a nós durante o percurso da consulta com comportamento quase desafiador (algo totalmente insólito para ele). A noite seguinte transcorre tranquila; no dia seguinte, a ansiedade aparece reduzida e o paciente está mais organizado no plano comportamental e do pensamento; sobretudo à tarde, está mais relaxado. No dia seguinte, ainda consegue reconstruir toda a sua história clínica: "Desde 1985, que não descanso como descansei essa noite. Pelo contrário, a noite seguinte foi terrível: fui dominado por imagens estranhas: vi um punhado de lenha ligado ao teto que estava para cair e eu estava embaixo (sorri). Foi como um pesadelo". Relacionado às temáticas de ruína e da doença incurável da esposa diz: *'Vi nos dias passados que ela tinha trabalhado muito na vinha e possivelmente se cansou tanto que, nos últimos dias, ela também não conseguia descansar'*. Depois de quinze dias, evidenciam-se substanciais melhoramentos, sobretudo na parte da tarde: "Descansei muito bem, me parecem estranhas algumas coisas: às vezes minha mulher me parece estranha... Ainda mais que a realidade parece ser da minha imaginação". Nos dias sucessivos, observamos um redimensionamento do bem-estar, no sentido de que o paciente se estabiliza sobre vivências de estranheza que não mais se somam a interpretações delirantes. A insônia é subjetiva: não vem confirmada mais pela equipe de enfermagem, mesmo que o paciente a relate cada manhã como sendo um sintoma significativamente perturbador. Teve alta com clorimipramina relativamente bem".

Terceira internação: "e morro desesperado...!"

Depois de um ano, o paciente é internado provindo da Divisão de Cirurgia onde estava há uma semana devido ao surgimento de uma sintomatologia dolorosa aguda causada por cálculos na vesícula biliar, para os quais foi programada uma cirurgia quando da remissão da sintomatologia aguda (icterícia colestática, elevação das enzimas hepáticas). Nos primeiros dias da internação na Cirurgia, o paciente não tinha apresentado distúrbios de relevância psicopatológica, mas depois da notícia de uma possível operação, manifestou um quadro de insônia chegando a uma crise de ansiedade aguda. Depois de uma consulta de urgência foi aconselhado a se transferir para a nossa Unidade.

"Nos primeiros dias de internação: *'Eu não pensava que retornaria aqui... Não sei se vou operar, agora estou bem'*. As enzimas hepáticas estão ainda altas; não é possível então outro tratamento a não ser o ansiolítico. O paciente, no intervalo de poucos dias, se demonstra mais inquieto e volta aos temas de morte e de negação: *'A minha vida findou pela eternidade... O coração não bate mais... o fígado não existe mais... não existe mais sangue nas veias... Estou sufocado pela eternidade... Façam de mim o que quiserem: também aquela mulher que seria a minha esposa e que vem nas tardes, me trata mal, fala que é minha mulher, mas não é... Saído daqui no ano passado, estava bem; eu tinha recuperado também uma certa vida social; fui até a um casamento no Natal: que festa bonita me fizeram! Parecia até feita para mim... Era o meu último Natal... feita propositadamente para mim!'*. O paciente continua a relatar a insônia como sintoma contínuo, que não encontra relação objetiva com a observação da enfermagem noturna. Depois de dez dias, é possível iniciar um tratamento com um antidepressivo (venlafaxina) para a normalização das enzimas hepáticas. Passados alguns dias de relativa melhora, quando o paciente demonstrou ter retomado uma crítica sobre os acontecimentos clínicos, com momentos inclusive de seriedade: *'Agora parece que vejo tudo normal'*. Repentinamente depois de cerca de três semanas de internação, apresenta uma brusca variação no quadro psicopatológico: 'No final da manhã, cai por terra, sem perda de consciência, sem ter-se machucado, permanece no chão rejeitando a ajuda para se levantar, repetindo querer apenas voltar para casa'. Também no dia seguinte enquanto estava tranquilamente sentado em companhia de outros pacientes: 'Se deixa cair por terra, batendo os pés no chão e com os olhos fechados, rolando sobre o pavimento, inicia a recitar estranhos murmúrios que, aos poucos, se apresentavam sempre mais distintos até se tornar um canto': *É a ária de Turandot: ou melhor, essa é La Tosca de Puccini que diz: 'E morro desesperado!'*. As palavras aparecem bem articuladas assim como boa a entonação melodiosa. Inicia novamente a repetir: *'Eu fui para matar Cristina* (a filha)*, quando me joguei debaixo do carro. Não sou digno de nenhuma piedade'*. É praticada uma terapia ansiolítica, e o paciente se recupera logo. Nos dias seguintes, observamos uma progressiva perda dos nexos lógicos do discurso, assim como um aumento de ansiedade e de uma inquietação arrebatadora que nenhuma palavra ou tentativa de conversa conseguiu aliviar. Os conteúdos da sessão terapêutica, melhor definida como monólogo devido à ausência absoluta de reciprocidade, são aqueles de culpa, de ruína, de condenação e de morte: *'Sou um ladrão, ou melhor, não sou mais, sou como um vegetal, já morto, sou como uma pedra, sou como um porco, sou um porco... façam de mim o que quiserem'*. Mostra-se também reativo conosco e tão fragmentado a ponto de parecer francamente confuso e desorientado: *'Minha filha morreu debaixo de um trem... sou um assassino; minha mulher também já era... não se encontra mais neste mundo. Essa noite eu aprontei uma: bebi um copo d'água, eu que não sou digno disso'*. Não obstante a administração de um neuroléptico sedativo e a redução de um antidepressivo, nada mudou, pelo contrário se acrescenta também uma condição de azáfama e frenesi motor. Foi refeita uma avaliação clínica (exames, eletrocardiograma), que não mostram anomalias assim como o exame neurológico. No dia seguinte, às cinco da manhã foi chamado o médico plantonista porque o paciente foi achado na própria cama, durante um controle normal, sem nenhum sinal vital. Até uma hora antes, a equipe de paramédicos não tinha notado qualquer elemento clínico relevante, diferente daqueles já presentes nos últimos dias.

Epílogo

"E morro desesperado..." (Tosca, de Giacomo Puccini, Ato III)

Acontecem, às vezes, eventos e encontros que, mais que outros, atingem e conduzem, quase contra a rotina e a superficialidade com a qual desenvolvemos o trabalho quotidiano, à reflexão, a rever e conservar elementos e rostos que seriam de outro modo desaparecidos no esquecimento. É isso que aconteceu no encontro com Hélio, várias vezes internado na nossa Unidade, depois de uma longa história de tratamentos e transtornos iniciados muitos anos antes, concluídos com uma morte repentina: ele, que na morte estava imerso desde sempre; e que nós pensávamos de entregá-lo novamente para a vida não apenas vivo, mas curado. Como Mario Cavaradossi, o pintor amante de Floria Tosca, cantou a ária: "E morro desesperado!" antes de morrer fuzilado, da mesma forma também o paciente do qual narramos a história, no dia anterior ao de morrer, a cantou. Mas assim como para Cavaradossi deveria tratar-se de um fuzilamento simulado para a apresentação de Tosca, sua amante, ao mesmo tempo, não respeitando o acordo com o chefe de polícia, barão Scarpia, fez carregar realmente os fuzis, assim também nós diante desse paciente que sempre falou em sentir-se morrer, de estar desde sempre morto, não acreditamos, como na Tosca, em sua real morte, que nos atingiu absolutamente desprevenidos e incrédulos. Esta história, mesmo reduzida pela nossa observação de vinte anos de vivências psiquiátricas que o tinha já rotulado como "hipocondríaco" ou "depressivo crônico", revelou-nos uma incandescência de sintomas e, ao mesmo tempo, uma capacidade de recuperação, recolocando em movimento um andamento fásico (presente apenas no início) que tratamentos indiscriminados e desconsiderados tinham totalmente barrado. O que nos guiou na orientação terapêutica, que não tem um protocolo definido para as diferentes orientações das várias escolas, foi realmente a preocupação em captar aquilo que verdadeiramente o paciente vivenciava, qualquer que fosse a raiz mais profunda do seu sofrimento, mais que uma teórica e prejudicial resposta farmacoterapêutica. Foi muito importante utilizar do momento da internação hospitalar até mesmo para suspender a lista infinita de fármacos que, usados de modo inapropriado, alteravam, empobrecendo ou desvirtuando o quadro psicopatológico originário. A morte repentina, elemento, no todo, "fortuito", nesta história, provocou-nos a assumir o desafio que o nosso paciente nos deixou para nos recordar de quão dramática e enigmática é a condição humana com a qual a psiquiatria deve-se continuamente se confrontar.

Maria Teresa Ferla

Esta noite se representa sem sujeito

Elementos de uma experiência maníaca

Esta história narra uma experiência manicomial que não apresenta problemas de ordem de enquadramento diagnóstico, devido à transparência e nitidez dos sintomas; aparecem, então, as problemáticas inerentes ao cuidado e ao tratamento do distúrbio afetivo, pelas resistências que frequentemente apresentam os pacientes, já que se trata de iniciar um cuidado que deve se prolongar no decorrer do tempo. Sobretudo a terapia psicofarmacológica profilática com estabilizadores de humor representaram o obstáculo mais difícil a ser superado; por causa da precisão e da continuidade solicitada à paciente, tanto nos controles quanto na administração do fármaco. Ainda uma vez se confirma como apenas uma relação de confiança entre médico e paciente permite a empreitada e o prosseguimento de um trabalho psicoterapêutico integrado com o tratamento psicofarmacológico, como o próprio distúrbio solicita e que pode se prorrogar por diversos anos. O trabalho terapêutico foi aquele de acolher e acompanhar a paciente primeiramente dentro do turbilhão da tempestade hipertímica e depois, aquele da lenta reconstrução dos significados inscritos na experiência psicopatológica na qual Eleonora se encontrou vivendo.

Premissa psicopatológica

As depressões que são chamadas clinicamente endógenas, ou psicóticas, distinguem-se em depressões unipolares e em depressões bipolares, segundo a classificação de Leonhard[20]: as primeiras se manifestam com episódios depressivos, que podem se repetir em distâncias variáveis de tempo, enquanto as segundas se alternam entre episódios depressivos e de mania. À obscuridade e ao peso da melancolia se contrapõe a leveza e a volubilidade da mania, mas numerosas contradições demarcam a existência maníaca, apenas aparentemente marcada pela luz agradável e não problemática da felicidade. O estado de ânimo maníaco assinala a fenomenologia clínica da mania, na qual se transformam as articulações estruturais do pensamento e os modos de ser no mundo, no tempo e no espaço. O fluxo da vida, que na melancolia se lentifica e fica aprisionado, lança-se vertiginosamente na mania, na qual a desinibição, o impulso frenético e febril ao movimento se constitui na sua estrutura fundamental. Na mania, não existe consciência de enfermidade pelo menos até quando essa não começa a diminuir; na melancolia, então, a consciência de transtorno psíquico desaparece apenas nas manifestações demarcadas pela presença de experiências delirantes primárias.

Chamamos, portanto, "síndrome maníaca" aquela constelação de sintomas tradicionalmente, segundo Weitbrecht[21] e Kielholz[22], articulada na seguinte tríade, com base nos distúrbios apresentados:

1. Distúrbio da vida tímica (afetiva)
2. Distúrbio da vida noética (do pensamento)
3. Distúrbio da psicomotricidade (funções centrífugas)

Para a psicopatologia tradicional, a estrutura fundamental da vida maníaca é constituída pela transformação, pela metamorfose da vida afetiva, do estado de ânimo; já o distúrbio do pensamento assim como aquele da psicomotricidade são considerados como secundários.

---

[20] LEONHARD, K. *Le psicose endogene*. Milão: Feltrinelli, 1968.

[21] WEITBRECHT, H. J. *Compendio di Pichiatria*. Pádua: Piccin, 1970.

[22] KIELHOLZ, P. *Diagnosi e terapie delle depressioni*. Torino: Minerva Medica, 1968.

A psicopatologia que chamamos antropológica, ou fenomenológica, considera o distúrbio do pensamento[23] o distúrbio essencial da experiência maníaca: o pensamento na vida maníaca não se articula, não se desenvolve segundo as articulações da sintaxe das quais nós nos servimos, ou seja, sujeito, verbo e complemento. Essa é uma articulação do pensamento que normalmente tende, à medida que o distúrbio se faz mais proeminente, a passar de uma "fuga de ideias" (que ainda é compreensível) para algo incoerente e depois confuso (tornando-se dilacerada, chegando ao ponto de eliminar e liquidar o verbo). Quando o verbo ainda sobrevive, é um verbo que está bloqueado sobre o presente, ou ao máximo sobre o passado (desaparece o futuro). A análise formal da linguagem do maníaco revela a ausência de uma estrutura formal do pensamento: existe uma cadeia vertiginosa de palavras nas quais o pensamento se fragmenta porque ele dá saltos.

Cargnello[24] falou dessa experiência como de radical descontinuidade na forma de uma ideação no contexto do curso do pensamento maníaco. Na mania, a comunicação se torna árida e se fragmenta diante de obstáculos mesmo que insignificantes. A fragmentação da comunicação é nessa situação ainda mais proeminente do que na melancolia e na esquizofrenia. O maníaco se perde no mundo, vive em fragmentos de mundo nos quais não consegue se firmar; sua linguagem é um falar que não diz, que não comunica, que revela a "vacuidade íntima do mundo maníaco". Por isso falamos de "autismo maníaco", no sentido empregado por Glatzel[25], devido à impossibilidade de um contato com o paciente: é um pseudocontato que jamais adquire o significado de uma autêntica e válida comunicação inter-humana. E revela a impossibilidade, para quem vive imerso nessa experiência, de deter a realidade

---

[23] BINSWANGER, L. *Per una antropologia fenomenologica*. Milão: Feltrinelli, 1970.
[24] CARGNELLO, D. *Alterità e alienità*. Milão: Feltrinelli, 1977.
[25] GLATZEL, J. Über den manischen Autismus, *Shweizer Archiv für Neurologia, Neurochirurgie und Psychiatrie*, 130, 69-73, 1982.

que escapa entre os dedos. Assim, para o paciente maníaco tudo se dá no instante, não há história. Ele, além disso, não tolera a limitação da liberdade e tem exigência de ter, à sua disposição, espaços infinitos: daqui se origina o distúrbio da psicomotricidade e a consequente agressividade ligada às reações que o ambiente entorno gera nele. No mundo em que o maníaco vive imerso, estão excluídas as contradições; é um mundo no qual a cor dominante, como dizia Binswanger, é aquele azul e aquele rosa: tudo está ao alcance das mãos, não há obstáculos, perto e longe não são mais categorias psicológicas angustiantes como pode ser para um esquizofrênico ou para um depressivo. Falta a categoria da profundidade, mas estamos sobre um plano da exterioridade extrema: tudo é plástico, móvel, friavilíssimo, esvaziado de interioridade. O mundo maníaco é governado por um desenfreado otimismo no qual falta a possibilidade de um insucesso, ou de um fracasso; como escreveu Minkowski[26], não emerge mais a vivência no tempo, fica-se bloqueado em um presente do futuro. O maníaco age, se move e pensa no *hic et nunc*[27] de cada instante, na "momentanização" de cada experiência vivida. Não existe mais um passado que se constitua uma bagagem experiencial, assim como não existe um futuro no qual se projetar. O mundo do maníaco é governado por um desenfreado otimismo ou euforia, por uma alegria pânica. Tudo assume tintas rosadas, vistosas, luminosas, é tudo luz e por isso é tudo achatado, superficial, nivelado. O delírio do maníaco não é outra coisa que a expressão desse otimismo do conhecimento (Biswanger)[28]. A onipresença, o delírio de grandeza é uma emanação dessa metamorfose do mundo que perdeu todo o limite, toda a relatividade. O impulso à atividade e à ação carrega consigo uma insônia feroz que não é vivida como mal-estar, mas como condição feliz e inebriante; se, pois, na depressão não se pode dormir, na mania

---

[26] MINKOWSKI, E. *Il tempo vissuto*. Torino: Einaudi, 2004.
[27] "Aqui e agora", "imediatamente". (N.T.)
[28] BINSWANGER, L. *Melanconia e mania*. Torino: Bollati Boringhieri, 1971.

não se tem necessidade de dormir. O maníaco tem uma extrema capacidade de captar, no contato interpessoal, qualquer fingimento, qualquer aspecto "superficial" que um certo comportamento pode revelar. Por isso, pode captar a angústia, a desconfiança e também a insegurança gerada em um interlocutor e vivê-la como agressão para consigo. Pode então produzir-se uma resposta como um curto-circuito no qual à insegurança (agressão) do médico ou do enfermeiro o paciente responde com uma contra-agressividade. Então nosso comportamento deve ser marcado pela "indiferença", pela participação indiferente, no sentido lhe dá Jaspers[29]. Certamente se trata de uma exigência psicológica do paciente, que não tolera perceber nem muita aproximação nem muita distância por parte do interlocutor. No encontro com os pacientes submersos pela mania, tem-se inicialmente a sensação de que o contato interpessoal não é difícil. Não se tem dificuldade para entrar em relação com eles: respondem com boa vontade, rapidamente, pedem-nos notícias sobre nós mesmos, elogiam nossa gentileza e nossa inteligência. Mas essa aceleração na comunicação é apenas aparente: permanece na superfície. Segundo o que escreveu von Hofmannsthal: "A profundidade fica escondida. Aonde? Na superfície".

Bastidor

Aquilo que está por trás desse caso, uma habitual e clássica história de mania que agora vamos descrever, pareceu-nos ser a maneira de viver o espaço e então a realidade do próprio maníaco: um espaço, uma realidade de confins absolutamente móveis e dilatados em direção a infinitas prospectivas nas quais o mundo da fantasia, do sonho e do jogo prevalecem sobre o mundo real. Nesse espaço "virtual" (onde a experiência maníaca aprisiona o paciente do qual apresentamos a his-

---

[29] JASPERS, K. *Psicopatologia generale*. Roma: Il Pensiero Scientifico Editore, 1992.

tória), a única condição na qual é possível continuar a viver é aquela da recitação, da contínua entrada e saída de um personagem a outro. É o mundo da aparência, intensa na sua superficialidade, como mundo no qual o que conta é o fulgor das cores, invasão dos perfumes, o clamor dos sons, as vibrações da pele: assim como o palco cênico, onde precisa aparecer para viver. Contudo essa experiência da "superficialidade" entendida como captação sutil e extrema da aparência, do aspecto aparente e espetaculoso do real, revela também a exigência de viver e saborear o aspecto "formal" do real como se esse também fosse dotado de fascínio e de referências que muito comumente ficam sepultadas pela superficialidade (esta, sim, negativa) do nosso olhar rotineiro e cotidiano. Quando a experiência maníaca se torna árida e se extingue, alguns pacientes a revivem nostalgicamente como uma experiência positiva e outros como uma experiência negativa, dolorosa; mas já durante a sequência maníaca existem pacientes que definem sua condição como inautêntica, angustiante e estranha à personalidade deles. Como maravilhosamente documentou Weitbrecht[30] citando uma paciente sua que, saída do episódio maníaco, dizia: "'*Agora sei o que podem significar as cores, os odores, as sensações táteis, e quais sensações inebriantes possa dar à música...*'. A experiência cotidiana seguia extremamente chata e com uma desértica obtusidade: tudo parece então recoberto por uma camada de cinza opaco. Quem nunca esteve imerso num estado de mania, é pobre, e pode apenas se consolar pensando que não sabe quais e quantas experiências poderia ter quando a doença cancelasse aquela espécie de véu cinza".

Em particular, essa história serve bem a análises da estrutura que traz a experiência maníaca, mesmo porque a paciente em questão é uma atriz. Por essa razão, parece menos artificial e inautêntica por ela "permanecer em cena" também quando o recital terminou e os refletores se desligam. Ela sabe melhor do que ninguém sobre os elementos

---

[30] WEITBRECHT, H. J. *Compendio di psichiatria*. Pádua: Piccin, 1970.

representados nessa realidade, estando frequentemente imersa e por isso, com maior dificuldade, pode perceber o descarrilamento do mundo real em relação ao da mania.

A História

Conhecemos a nossa paciente, a quem chamaremos Eleonora, em agosto de 1997, quando efetua a sua primeira internação em nossa Unidade numa condição assim descrita pela nossa colega que a interna naquele domingo à noite: "Se interna por agitação psicomotora: em seu discurso, a paciente está orientada no espaço e no tempo, disfórica, mantém com muita dificuldade os nexos associativos passando rapidamente de um argumento a outro, em uma condição de inquietação e agitação psicomotora. Fornece com dificuldades notícias de ordem anamnésica". No dia seguinte a encontramos, e assim é descrita: "Parece perplexa e com atitudes como se estivesse perturbada por percepções acústicas e visuais, mesmo se consegue construir os acontecimentos da jornada de ontem com certa linearidade e fornecer os principais dados anamnésicos".

Eleonora nasceu em 1959 em uma cidadezinha provinciana onde vive a mãe; depois de concluído o ensino médio e passado no vestibular, inscreveu-se em um curso universitário de disciplinas de arte, música e espetáculo que interrompeu no segundo ano, começando a ensinar educação musical na escola média, como suplente, desde 1979. Desde então, até a primeira internação em nossa Unidade sempre ensinou a mesma matéria, mudando de escolas, e está na função desde 1989. Sempre viveu com a mãe até 1992, quando decidiu ir viver num apartamento que o namorado, que conhecia há pelo menos cinco anos, tinha alugado na cidade por motivos de trabalho, voltando constantemente à casa de sua mãe.

A família

Eleonora é filha única; a mãe nasceu em 1930. Esta última é descrita pela filha como: *uma mulher doce, porém um pouco chata, com tendência a vitimizar-se... Trabalhava como costureira no país de origem... É muito inocente, porém possui a curiosidade dos católicos incitados... Nunca me explicou nada a respeito do sexo... Tinha, porém, uma tia mais jovem que me deu aula sobre isso... Minha mãe fala um pouco por enigmas, como uma esfinge: por exemplo, não fala nada claro a respeito da minha atual situação: eu convivo há anos e ela ainda não me fez entender o que realmente pensa. Talvez aceite essa situação porque, se eu me casasse, poderia correr o risco de me ver menos, pois o meu namorado (engenheiro) trabalha em uma cidade distante... Essa vida vai bem assim também para mim: quando quero ficar com minha mãe, vou, quando quero ficar aqui na cidade, fico... não vou por impulso... no máximo, me enraiveço quando esqueço as coisas num lugar ao invés de em outro... me agrada também estar a sós, mesmo se não fico quase nunca sozinha, tenho muitos amigos".*

O pai, nascido em 1924, era padeiro e faleceu em 1989, dois meses depois que lhe foi diagnosticado um tumor no cérebro: *"meu pai era similar a mim, mesmo que menos extrovertido devido a diferente educação e história que teve... era muito sincero, direto naquilo que devia dizer, às vezes um pouco impetuoso. Tocava a clarineta na banda mesmo que para ele fosse preferível tocar piano e por isso quis que eu aprendesse desde a escola média a tocá-lo, porém interrompi no quinto ano o estudo".*

Temperamento e personalidade pré-morbida

Eleonora se descreve como extrovertida e sociável, muito atraída pela música e pelas artes expressivas, em particular pelo teatro, que a emprega, como atriz de uma Companhia teatral, já por muitos anos, com ritmo de trabalho suficientemente estável e regular: uma vez por semana tem as provas de recitação e frequenta amiúde cursos especializados de balé e de recitação pela Itália. Sua cultura é notável neste e em outros campos, assim como os seus dotes na recitação: não se percebe nela um mínimo de orgulho; pelo contrário, é muito simples, quase desvalorizando-se, transmite uma modesta imagem de si e é muito ciente dos próprios defeitos, dentre os quais ser terrivelmente desordenada, coisa que a faz perder textos ou esquecer por aí o material da recitação. O ser de origem humilde, coisa que a faz ver e tratar os personagens nobres ou aristocráticos nos quais se encontra, seja na cena ou fora, assim como uma "do povo" se relaciona com um mundo que não é o seu , o qual frequentemente consegue desmascarar e ridicularizar suas falsidades. Eleonora sabe transmitir muita simpatia seja nas fases de desequilíbrio hipertímico, seja nas fases de bem-estar; por excentricidade de caráter. Seu vestir é bizarro, mas elegante, influenciado pela utilização das cores e dos estilos do momento em que está atravessando – o vermelho é a cor dominante nas fases maníacas, seguindo pontual e gradualmente do lilás ou violeta, e depois pelo, verde, azul e bordô. Nos registros ambulatoriais, anotavam a cor predominante, que refletia, de maneira precisa, as oscilações do estado de ânimo, mesmo que não saibamos correlacionar as cores das fases depressivas porque Eleonora tinha diminuído o ritmo das consultas de controle. Outro motivo pelo qual sabe suscitar simpatia é a sua capacidade de crítica e autocrítica: reconhece muito bem quando está *"subindo"* ou quando está *"um pouco além dos limites"* ou quando a excitação *"me toma toda e a realidade se vai"*, também a sua linguagem e a descrição que faz sobre sua própria vivência, nas fases de excitação, é muito rica e apropriada.

A história clínica

Segundo o prontuário da primeira internação (as notas da entrada já foram relatadas no início): "Depois de dois dias de internação, efetuados em regime de Internação Involuntária, ou seja, de maneira forçada, pela condição de intensa agitação e hipertimia, é capaz de se descrever e falar sobre si mesma: *'noutra noite, tudo me parecia reluzente e em parte hostil; estava participando de um curso de tango: nosso professor foi convidado para um espetáculo na praça da cidade... Eu comecei a sentir tudo amplificado, as cores, as emoções... Não percebi o crescimento de tais fenômenos... é verdade, eu sou um tipo exuberante, extrovertido, mas não tinha jamais chegado em tais níveis; pelo contrário, vivi um período de depressão mesmo que não tenha jamais deixado o meu trabalho, nem os meus compromissos. É desde 1989, depois da morte do meu pai, que me vêm esses momentos'.* A alegria deixa o lugar para uma neblina de tristeza enquanto a paciente reconta tais fatos. Na enfermaria, tem ligação com outros pacientes com os quais transcorre boa parte da jornada sem exageros nas maneiras ou nas dinâmicas relacionais; está frequentemente ocupada em grandes conversações telefônicas com o namorado que trabalha longe e que contudo lhe é muito próximo, buscando sempre se informar conosco sobre seu estado. A mãe, pelo contrário, não aparece, mesmo se a paciente está em contato também com ela. Inicia um tratamento com haloperidol (neuroléptico) em associação com uma terapia específica para o controle de uma grave anemia ferropriva[31], da qual a paciente afirma, contudo, ter conhecimento, por causa de menometrorragia[32] datadas desde muitos anos e jamais tratada. No espaço de poucos dias, ela se recompõe tanto no plano comportamental quanto no das ideias, apresentando uma crítica e consciência do distúrbio psíquico que consegue também inscrever no contexto da própria história: os primeiros distúrbios com uma certa relevância clínica apareceram em 1989, depois da morte do pai: *'comecei a ter certas fases de tristeza, na qual o meu humor, normalmente alegre, se fazia mais obscuro e triste, mas nunca precisei ser cuidada, me arranjava sozinha... Realmente o meu médico de família tinha me sugerido alguma coisa para a depressão, mas eu não quis tomar nada... Passei também alguns momentos difíceis nos quais era uma emprei-*

---

[31] Anemia por deficiência de ferro. (N.T.)
[32] Sangramento irregular ou excessivo durante a menstruação. (N.T.)

tada levantar-me e ir à escola, algo que sempre me agradou, mas que naquelas fases me custava muito fazer... Aguentei firme, e depois os períodos piores passavam... porém, além dos limites, não tinha jamais ido...'.

Teve alta em condições de discreto bem-estar.

Nós a revimos por algumas vezes num espaço de um mês, mas ela deixa entender que não quer mais vir e que tinha decidido iniciar um trabalho psicoterapêutico particular. Essa se parece na realidade mais uma fuga do que um desejo de aprofundamento ou de cura: já durante os controles ambulatoriais, tinha-se evidenciado, ao lado de uma certa consciência da doença, o temor de confrontar e de falar sobre *'certos problemas'* ou simplesmente de encarar o transtorno psíquico. Certa su-perficialidade em confrontar as problemáticas da sua vida emergia era emersa como estrutura "defensiva" que, todavia, ela não resolvendo os problemas, tinha sempre permitido distanciar-se da angústia que ainda lhe provocava o pensamento de ser doente psiquicamente. Mesmo as tentativas de confrontar o problema e de assegurar-lhe o apoio psico-terapêutico não conseguiam manter uma relação estável. Sobretudo o andamento fásico do transtorno sobressaía porque a recuperação, fora das fases de desequilíbrio, sempre se dá com plena *restitutio ad integrum*[33]. *'Trata-se de saber esperar o momento da doença passar'*: esta sempre foi a sua filosofia.

Segundo ato

Passa o tempo e depois de um ano reencontramos Eleonora inter-nada de novo em nossa Unidade, também dessa vez em estado de exci-tação maníaca. Essa também é uma internação ocorrida numa noite de domingo, que não terminou desta vez em Internação Involuntária só porque, chegada ao Pronto Socorro acompanhada pelos policiais que

---

[33] Restauração integral. (N.T.)

intervieram por causa dos seus comportamentos bizarros, reconheceu um colega nosso que trabalha na Unidade e então acabou aceitando de bom grado retornar *"para a sua Unidade"*. No dia seguinte, nós a encontramos e nos assombramos com sua capacidade de descrição do seu distúrbio hipertímico; assim escrevemos: "claramente mais recomposta em relação a ontem; nos conta que depois da última alta ficou bem até o último janeiro (agora estamos em outubro): *'Naquele período morreu minha avó e tive uma bela caída do humor que durou até o fim de fevereiro... depois me internei... Fiquei bem depois: jamais perdi um dia de escola... Faz quinze, vinte dias que comecei a ser um pouco fora dos limites; o estado de ânimo subiu e se excitou. Sábado fiz uma prova de teatro e depois fui jantar com o meu namorado. De volta a casa, percebi que tinha perdido o portfólio; telefonamos para o restaurante e estava lá, mas já estava inquieta, estava ansiosa... Também na outra vez, tudo começou porque tinha perdido as chaves do carro, se lembra? Domingo, em seguida, foi um crescendo: quando meu namorado partiu para trabalhar, pensando nas provas de recitação, comecei a abrir o armário e a experimentar todas as roupas, a me colocar as coisas mais estranhas, a experimentar um pouco de trajes teatrais... e em seguida a música: tinha o rádio aceso e comecei como que a ser guiada pela rádio. Tudo começou a se transformar: a realidade era sempre a mesma, mas, pelos impulsos que sentia dentro de mim e pelos impulsos que vinham pelo rádio, parecia-me tornar diferente: eram os meus pensamentos sobre a realidade que mudavam. As coisas se enchiam de significados: cada coisa tinha um significado. Seguindo o rádio me sentia como em um redemoinho, como Alice no país da maravilhas: seguia as indicações como se fosse uma caça ao tesouro, ditada pela rádio para mim. A realidade se tornou um grande jogo: em seguida chegaram os policiais porque fazia certas esquisitices, do tipo tocar as campainhas das habitações (eram três da manhã) falava em voz alta... Foram muito gentis os policiais... chegada no Pronto Socorro reconheci o seu colega e cheguei aqui...'*. "Perguntamos-lhe se nunca fora acompanhada por ninguém e responde ter iniciado uma psicoterapia de apoio pela qual não se sente muito ajudada. Tratando-se de uma recidiva de episódio hipertímico, apresentada também numa fase depressiva não tratada e se reencontrando de novo internada, parece agora mais disposta a defrontar seriamente o seu distúrbio. Buscamos explicar-lhe e convencê-la de que é possível fazer um tratamento também preventivo se aceitar ser cuidada com regularidade e atenção. A proposta da terapia com sais de lítio é certamente desafiadora, seja pelo tempo necessário de ao menos dois anos, seja porque Eleonora não demonstra muita confiança na administração regular dos fármacos e na continuidade dos controles, mas, visto o aprofundamento da ligação e da confiança recíproca, a proposta nos parece factível. Eleonora parece também assegurada por um tratamento preventivo e não apenas sintomático como aquele com os sais de lítio, os quais, explicamos, são também empregados nas fases de oscilação tímica; ora um sedativo ou ansiolítico na fase hipertímica, ora, se necessário, um antidepressivo na fase depressiva. Também a realização de todos os exames necessários para a terapia estabilizadora do humor pode ajudá-la no crescimento da sensibilidade à cura de si e do próprio corpo de maneira adequada: poderia assim controlar e defrontar-se com a causa de sua anemia, regularizar os seus ritmos de vida e procurar, quiçá, também uma ordem e um equilíbrio que tanto lhe parecem impossíveis. Os exames hematoquímicos, a funcionalidade renal, tireoidiana, cardíaca estão normais: não existem contraindicações à terapia com sais de lítio. Tem alta depois de quinze dias em discretas condições".

Nos meses sucessivos, o quadro se estabiliza: Eleonora agora vem com regularidade aos controles e apresenta uma boa retomada tanto no plano clínico quanto no social, gozando da estima tanto dos colegas de escola quanto do seu contexto afetivo, no qual permanece, sim, um pouco bizarra, mas possivelmente essa é a sua riqueza e originalidade.

Conclusões

Eleonora se põe de frente a quem deseja escutar sua história com uma riqueza de sintomas e de facetas que fascinam irremediavelmente: não se pode captar a leveza dos seus passos, a jóia nas palavras que escorrem velozes pelos seus lábios, a excitação que permeia o corpo e os pensamentos. Em torno dela, cria-se uma simpatia imediata, como se o núcleo vital aceso pelo transtorno psíquico iluminasse todo o entorno de uma luz iridescente que pode envolver quem quer que seja. Esse aspecto da personalidade de Eleonora não se perde de todo fora do período de desequilíbrio maníaco; pelo contrário, permanece nela uma predisposição às relações humanas, uma facilidade extrema no perceber os pensamentos de quem a encontra, que nos permite estabelecer uma relação autêntica e sólida, por meio da qual se alcança a gestão de uma terapia, em primeiro lugar preventiva do distúrbio maníaco. Em um caso como esse, de fato, à frente de um diagnóstico que salta aos olhos pela especificidade e riqueza dos sintomas apresentados, configura-se a dificuldade de instituir uma terapia que possa evitar os desequilíbrios e o sofrimento sem fraturar a originalidade e a criatividade da alma de Eleonora. Perguntamo-nos se era necessário que o teatro no qual a vida de Eleonora se transforma quando é tomada pelo transtorno psíquico seja de todo destruído, arrasado com a violência do fármaco: talvez uma parte dos adornos coloridos, dos sons, dos cheiros que vêm colocados em cena no seu teatro sejam a sua riqueza, o seu modo de criar uma existência. De outra parte, transformar a vida em um "grande jogo", dilatando o espaço e o tempo até cristalizá-los, sobrevoar a existência sem penetrar nela plenamente, ficando na superfície. São modalidades que arrastam consigo o fantasma de uma solidão congelante e terrível, que uma mulher como Eleonora não pode suportar. De fato, a essência do *Lebenswelt*[34] maníaco se expressa nesta alegria desmedida e dionisíaca

---

[34] Mundo-da-vida. (N.T.)

e não obstante, se entreveem os sinais de uma experiência antitética: uma experiência de dor e de morte. Pelo comum conhecimento das coisas cotidianas, sabemos como a vertigem da existência, o. frenesi do jogo, do canto e da dança são acompanhados de um elemento "demoníaco"; isso significa que, quando a vida celebra os seus triunfos, as suas festas inebriantes e efêmeras, a morte é próxima: "na medida em que a vida ascendente se faz selvagem e febril ela é tocada pela morte e pelo pressentimento da morte"[35].

A terapia aqui praticada, fruto do vínculo íntimo e autêntico com a paciente, parece ter permitido a Eleonora retomar os vínculos com a própria existência que o transtorno tinha enfraquecido tanto, sem, porém, dissolver totalmente o palco infinito e escondido das suas possibilidades humanas.

---

[35] BORGNA, E. *Malinconia*. Milão: Feltrinelli, 1992.

O homem dos limões

A psicogênese do delírio

A história de Marcos pretende exemplificar como, por trás da "estranheza", da "incompreensibilidade" dos delírios dos pacientes existe, na realidade, uma referência a fatos, experiências e momentos da vida que permitem uma compreensão, senão uma verdadeira e própria explicação, de forma a serem acolhidos na escuta atenta e precisa[36]. Mediante mecanismos defensivos de tipo projetivo, a pessoa "projeta" as próprias angústias mais profundas, as quais podem ser as da morte própria ou daqueles que lhes são caros, ou aquelas de culpa, como também aquelas ligadas à impossibilidade de relação, de encontro em um mundo mágico, simplificado, aquele do delírio, justamente no qual o mal está fora de nós ou é mantido longe com rituais mais ou menos propiciatórios[37], como no caso de Marcos. Ele, angustiado pela perda das pessoas mais caras, impossibilitado de se relacionar com os outros, incapaz de se ver ou de se analisar em sua fragilidade, reconstrói a causa dos seus males em "perseguidores externos" e busca combatê-la com os instrumentos que tem a disposição: a água, ou outros instrumentos-símbolos que possam purificar os lugares e os ambientes da sua dor cotidiana. Não obstante isso, a estruturação delirante, o encontro e a relação não são impedimentos, pelo contrário, quando procurados e potencializados, permitem a contenção angustiosa do delírio e a possibilidade de abrir o diálogo a outros aspectos da vida, mais compartilháveis e comuns.

---

[36] BARISON, F. Comprendere lo schizofrenico, *Psichiatria generale dell'eta evolutiva*, 25, 3-13. Padova: La Garangola, 1987.

[37] Ritual que tem o objetivo de atrair ou retomar o auxílio de uma divindade, ser espiritual, etc. (N.T.)

A história

Marcos nasce em uma cidadezinha da província em 1962. Realiza sua primeira internação em nossa Unidade em 1998, não obstante seu caso já ter sido "relatado" ao Centro de Referência em Saúde Mental da região há alguns anos, em particular depois da melhora da mãe, ocorrida em 1987.

Nos últimos três/quatro anos, foram efetuadas visitas domiciliares que foram desgastando-se sempre mais, seja por motivo de desorganização do serviço (rotatividade de médicos e terapeutas), seja pela omissão dos parentes, seja pela falta de sensibilidade aos problemas por parte do médico de base. Tais motivos favoreceram o progresso de uma condição de isolamento da dupla mãe-filho e a degradação da vida social e relacional dentro da cidadezinha deles.

Nesta cidadezinha, o pai de Marcos foi uma figura muito importante, seja do ponto de vista cultural, seja como expoente da vida política, com relevância não apenas municipal, mas também regional, e faleceu aos 50 anos, em 1984. Marcos, naquela época, estava inscrito no segundo ano da faculdade de Ciências Agrárias: *"Foi um momento terrível: precisei deixar os estudos... Não me faça recordar aquele momento... Só a lembrança me mata...".*

A família gozava de discretas condições econômicas; habitava em uma bela casa, com uma *"grande, grande escada em mármore",* nas vizinhanças do centro da cidadezinha. A mãe, que trabalhava como operária, é hoje aposentada, enquanto o pai administrava uma mercearia de propriedade da família. Marcos, abandonados os estudos, primeiramente desenvolveu diversos trabalhos, gradativamente perdendo os contatos com o mundo social e laboral que tinha ao entorno: em 1998, época na qual o encontramos, estava sem trabalho há mais de dois anos. Também esse fator favorece a sua situação de completo isolamento social, que o fecha em casa com a solitária companhia da mãe e dos seus pensamentos: *"...Não saía nunca...".*

Depois da morte do pai, a situação parece precipitar para ambos, mãe e filho: em 1986, a mãe apresenta um episódio de clara característica dissociativa, devido à qual são organizadas visitas domiciliares e um tratamento psicofarmacológico, além de uma internação em ambiente especializado em uma cidade vizinha. Outras figuras importantes na vida afetiva familiar de Marcos são aquelas dos avós, aos quais nos diz ter sido muito ligado, em particular ao avô paterno, que morre poucos meses antes de sua internação em 1998; e também a avó materna, que morre no dia seguinte ao pai, em 1984.

As lembranças de Marcos do período no qual vivia numa outra cidade, para frequentar a Universidade (regressava para casa apenas durante os finais de semana), permitem-nos conhecer, talvez, um dos períodos mais alegres da sua vida: é este o período no qual tem mais amigos, joga com eles pôquer e lembra em particular de dois: o *"filho do general"* e o *"filho do médium-mago"*, que de pronto o iniciará ao ocultismo e ao mundo mediúnico. No período entre 1985-86, depois da morte do pai, decide, como já dito, deixar a Universidade, frequentada com resultados pouco expressivos, para retornar definitivamente à cidadezinha natal e ocupar-se da mercearia da família, que gerirá até 1989 com a ajuda da mãe. Segue um período de desemprego (*"Estava realmente bem não fazendo nada"*) até o último trabalho de venda dos congelados porta a porta, que segue por um par de anos, até que se manifestam os primeiros distúrbios. Agora Marcos está desempregado, também se diz ser muito rico (*"Tenho mais ou menos 500 milhões em títulos escondidos sobre o armário e esperamos que ninguém toque neles"*); pesa 115 kg: *"A barriga faz saltar os botões!!!"*; parece muito desleixado no cuidado de si, mas muito capaz de empatia e de relação. É internado em 1998 por 21 dias pelo precipitar de uma condição delirante. Reportamo-nos às observações mais importantes da ficha clínica da internação.

A internação

"O paciente, na sua entrada no Unidade está reativo, pouco disponível a conversa, orientado no tempo e no espaço. A vestimenta é excêntrica com colares e medalhões e óculos espelhados, usados também no escuro. Não existe consciência de doença, diz estar bem mesmo se aceita a terapia. Difícil é o contato interpessoal. Tem ideias de autorreferência: *'Existem certas pessoas que me querem fazer mal, buscam me hipnotizar... este é o motivo dos óculos escuros'*. Está convicto de ser um *médium* e se comunica aos outros *através do pulso*. É relatado que, nos últimos dias, se tornou agressivo com a mãe; há cerca de um mês existem anomalias comportamentais: fala sozinho pela rua, dorme de dia e, quando não dorme, tem, contudo, as persianas abaixadas. Há alguns dias não se alimenta. Foi visto em frente ao cemitério da cidadezinha a fazer certos *'rituais propiciatórios'*". Estou presente no momento da internação na Unidade, e ele me parece muito agitado e confuso: não compreende os motivos da internação involuntária e pede uma explicação. Está lúcido, mas parece muito angustiado pelo que está acontecendo. Quando o vejo, noto subitamente a vestimenta bizarra e os grandes óculos escuros; ostenta segurança no modo de falar e na postura decidida. Ameaça denúncias e queixas, depois se acalma. Recusa-se a realizar a retirada de sangue para os exames de rotina *("...se não desmaio...")*. Depois de alguns dias, está sorridente, diz sentir-se tranquilo, um pouco sonolento. Não coloca os óculos escuros porque diz que aqui na Unidade não lhe servem. Diz dos seus poderes de *médium*, em casa ou pela rua lhe aparecem os espíritos e lhe dizem... *"por isso dizem que falo sozinho, apenas eu os vejo, aqui na Unidade ainda não os vi"*.

Nos dias sucessivos fica mais aberto e disponível ao encontro interpessoal. Reafirma a sua insatisfação pela internação que sofreu e da qual não consegue se dar razão plausível. Aceita manter-se no Unidade: é revogada a internação involuntária. Não consegue entender as motivações da internação; liga-as a uma saída sua no jardim de cuecas sobre as quais dá uma explicação pouco razoável. Diz que fala muito sozinho, mas é negada a explicação dada no dia precedente... *"nunca vi espíritos e falei com eles..."*. Também os poderes de *médium* são colocados em dúvida: parece querer negar cada coisa dita na entrada. Define-se homem solitário: *"...amo ir pescar... dormia muito porque o meu quarto favorecia o sono"*. Tem oito meses que não trabalha mais porque *"não estou bem... tinha dor de cabeça..."* depois nos dirá a terapia milagrosa por ele adotada para enxaqueca: *"Um eletroencefalograma por mês para fazer passar também a mais feroz das cefaleias"*. As leituras dos últimos tempos são apenas de aventura para rapazes, "Topogigio", ou ainda fotonovelas. A televisão vê somente em casos excepcionais, por exemplo, nas partidas de futebol. Pede para poder voltar logo para casa para cuidar da mãe: *"Me sinto bem agora. Durmo muito, e isso está bem. Sinto-me também um pouco limitado no falar: isso acredito que seja o efeito dos remédios que tomo. Mas não me dá tanto desconforto"*. Do prontuário clínico, reportamos: "Muito mascarados os distúrbios psicopatológicos por uma fachada aparentemente normal. Bom o contato interpessoal. Está tranquilo; não emergem os conteúdos delirantes. Finalmente aceita efetuar a retirada de sangue. Os conteúdos irreais não emergem espontaneamente, e quando no diálogo busca se sondar a estrutura e a consistência, o paciente desvia o discurso, superficializando-o. Mantém, de qualquer maneira, o comportamento sereno e colaborador já evidenciado nos dias precedentes. Afirma ter descansado e estar bem. Pede para voltar para casa. É sempre correto e gentil nas relações com as pessoas e, de vez em quando, jovial. Muito disponível ao contato interpessoal, sorridente, na noite descansou, comportamento adequado. Os conteúdos do pensamento dos primeiros dias são negados: *'Pretendo voltar logo para casa, para fazer algumas coisas... São coisas que se fazem também sem mim. Mas aqui me entedio, e depois em casa tenho todas as minhas liberdades. No hospital, estou bem, sou tratado bem: mas não é por isso que queria voltar para casa. Eu também tenho os meus compromissos, mesmo se agora não trabalho. Trabalhei no passado e deverei voltar a trabalhar. Parei neste período, para cuidar da minha mãe. Quando existem certas doenças é necessário cuidar atentamente das pessoas!'''*.

Depois de sete dias, diz sentir-se bem, tranquilo, descansado. Enquanto fala, tira os óculos de sol e repete que está à espera da alta. Parece mais relaxado e disponível mesmo para falar das vivências irreais que há anos caracterizam a sua vivência interior. Foi contatado o enfermeiro para acompanhá-lo junto a um médico de referência nas próximas semanas, no próprio domicílio. Tem alta com boa compensação psíquica e sai acompanhado pelo enfermeiro com a prescrição: meia dose de haloperidol. A internação durou três semanas. Da ficha clínica da internação, reportamos algumas conversas e consultas.

À entrada: "O senhor Marcos se apresenta com aspecto e roupas bastante desleixados (despenteado, com o pijama sujo e mal-abotoado,...). A expressão é harmônica, o comportamento é confrontador e um pouco desafiador; responde às perguntas com outras perguntas, lamenta ter muito sono e usa isso como uma desculpa para não responder. Está deitado no leito de maneira descomposta, com as pernas cruzadas. Fala com tom de voz normalmente impostado e variável, com linguajar adequadamente expressivo e rico. A mímica parece normal (apenas levemente lentificada, possivelmente por causa da sedação farmacológica). Está orientado no espaço e no tempo e na consciência de si; a atenção é boa, como também a memória, tanto a breve quanto a de longo prazo; compreende bem o interlocutor, do qual, todavia, critica a linguajem *'universitária'*. A inteligência parece conservada assim como a emoção, que é viva. O caráter confrontador do paciente e a sua indisponibilidade para uma conversa e para responder a perguntas diretas não possibilitaram indagar a presença de distúrbios perceptivos ou de pensamento. Tem uma total negação da doença, com tentativas muito brandas de explicações das bizarrices comportamentais (*'...é uma coisa normal...,o que há de estranho?... não são afazeres vossos...'*); todavia, a lembrança da morte do pai parece agitá-lo (*'...ela está me batendo',* disse ao médico que lhe recorda aquele período de sua vida), de repente se faz mais triste; admite ser avesso a um especialista *.'..para minha mãe'* disse *'que se comportava de maneira estranha'*. A conversa permanece superficial, sem participação profunda por parte do paciente que foge, temeroso, das perguntas (*'...não entendo a que serve perguntar sempre o porquê..., vocês perguntam sempre o porquê..., querem escavar'*). Parece de qualquer maneira interessado no relacionamento interpessoal e curioso sobre o interlocutor, tanto que, no momento de se cumprimentarem, busca deter-se mais e declara-se 'discretamente interessado' em uma nova conversa."

Segunda sessão: "O paciente se apresenta ainda desleixado na vestimenta e na pessoa (*'...mas se me lavo quatro vezes no dia!!!'*) com uma expressão suspeita, mas harmônica, comportamento um tanto rígido e confrontador (não retira os óculos escuros se não for convidado e expressa a sua preferência em mantê-los). A linguagem é expressiva e apropriada, mas responde 'atravessadamente', buscando desviar o discurso, frequentemente se escondendo atrás de um *'a senhora, psiquiatra, não consegue entender'*. A compreensão é normal, a atenção e a memória são boas e também a inteligência aparenta estar bem conservada. No início, é ambivalente no seu diálogo com o interlocutor, e depois, com maior insistência, responde com uma leve abertura: *'Fui hipnotizado por um senhor à idade de um ano e percebi há apenas dois anos... fazia coisas estranhas..., por exemplo ficava nervoso quando me sentava e eu me tranquilizava levantando-me... agora uso os óculos escuros porque...'*. 'Tem medo que alguém o possa hipnotizar?' *'Não, não, eu os uso porque são repousantes'*. Parece poder captar, nas ideações delirantes, uma forte carga emotiva, talvez ligada a estas ideias de influenciação e de roubo do pensamento. A sessão prossegue com escassa colaboração por parte do paciente, bem disposto a falar, mas não a responder às perguntas do médico: busca desviar com respostas 'atravessadas', hesitando, frequentemente se escondendo atrás de um *'...a senhora, doutora, não pode entender'*. Eles nos explica exaustivamente, e por escrito, o seu método de *desipnotização*, graças ao qual diz sentir muito menos a influência de seu hipnotizador. É, pelo contrário, muito relutante ao falar das suas estranhezas comportamentais, atribuídas à sua *mediunidade*. Eu lhe pergunto 'Nos disseram que tinha em casa muitos limões e estranhos baldes cheios de água...' '*Os limões? São amuletos; os coloco nos cantos da casa para protegê-la do mal; nos baldes que tenho no quarto existe somente água; mas eu sou um médium e é inútil procurar explicar certas coisas a vocês, psiquiatras, tanto que não as compreendem*'. O delírio que emerge aparece muito bem estruturado: é um mundo diverso, que os outros não podem entender nem conhecer: *Se não é um médium não pode entender a mediunidade*; com linguagem própria (neologismos frequentes), sem nenhum interesse em ser compartilhado, realmente ainda mais importante e precioso propriamente porque está hermeticamente fechado e exclusivo. '*Agora estou um pouco cansado; posso ir tirar um cochilo?*', despede-se assim hoje de nós o senhor Marcos".

Terceira sessão: "'Você tem vontade de falar um pouquinho?', eu lhe pergunto entrando no seu quarto. Marcos logo acaba de lavar-se e vestir-se. '*Vou colocar os sapatos, me pentear, e já vou encontrá-la*'. Chega ao consultório e não posso deixar de notar como está vestido, finalmente arrumado (a camisa está dentro das calças e bem abotoada); também alguns dos colares e dos medalhões que levava no pescoço desapareceram, mas não lhe pergunto nada a respeito. Marcos parece tranquilo: é a primeira vez que temos uma sessão a sós, fora do *tour* de visita, ainda se demonstra aberto e disponível; parece que tinha, para nossa surpresa, vontade de falar de si mesmo. A sua linguagem aparece adequada, espontânea e expressiva; a atenção também está espontânea, assim como a compreensão e a percepção se mostram boas e bem adequadas. Ótima orientação no espaço e no tempo e de si. A inteligência, como já outras vezes sublinhado, me parece completamente conservada. Marcos é atraído por algumas gravuras e fotografias que estão dependuradas nas paredes do consultório, dentre as quais uma que representa o mar: '... *sempre me agradou muitíssimo o mar... e, quando voltar para casa, me agradaria ir'*. Finalmente não foge ao olho no olho; os seus grandes óculos escuros desapareceram, deixando lugar a normais óculos de grau com lentes transparentes. *'Sabe, Doutora, agora percebo que as coisas que eu fazia eram mesmo estranhas..., e isso me fez compreender as pessoas que estão ao meu redor, sobretudo vocês...'.* Eu lhe peço explicações da sua afirmação e Marcos me fala dos seus ritos, da sua mediunidade, que não renega, mas nem mesmo proclama ou ostenta com o tom enfático dos primeiros dias: *'os amuletos', isto é, aqueles limões que antes eu comia e depois deixava por aí eram apenas uma espécie de jogo, mas só agora me dou conta... Eu sabia que os limões absorvem... e depois eu gosto de limões e como dezenas por dia. E você se lembra daqueles baldes que eu tinha no quarto? Isso, aquele era o cuide, assim o chamava'.* Eu me sinto capturada pela sua 'mediunidade', pela simpatia que Marcos suscita mesmo imerso naquele delírio que, por tanto tempo, foi toda a sua vida; e tenho a impressão de que ele tenha notado e tenha vontade de me dizer: *"o 'cuide' era um trabalho de 'magia branca' que aprendi com o pai daquele amigo de Piacenza: nos baldes se colocam várias ervas e depois se imerge uma estatueta do Senhor... para lavá-la, não para purificá-la... e precisa deixá-la dentro por certos meses, três ou quatro. Sim, agora sei que para ela parece uma coisa estranha... de qualquer maneira agora me disseram ter limpado tudo de novo e assim vai bem, espero apenas que...' 'Que coisa espera?' 'que quando jogaram a água dos baldes não tenham jogado fora também a estatueta'".* Não posso deixar de notar a persistência dos neologismos na linguagem de Marcos: são termos já tão radicados na sua mente, que nenhum outro saberia expressar tão bem assim os conceitos que ele pretende comunicar; mas hoje os explica espontaneamente a mim e me faz participante do seu 'mundo' do qual sempre buscou nos manter longe e distante, duvidando da nossa capacidade de compreendê-lo e, talvez, também temendo um juízo que ele consideraria inoportuno. Tenho a impressão de que ele tenha fechado uma das 'portas' que obstinadamente nos mantinham 'fora' dele e de seu mundo, e agora quase deseja que alguém se aproxime e tente ver dentro daquela espiral. Continuamos a dizer dele e da sua vida, dos seus (poucos) amigos, da universidade e do período que Marcos define *'Talvez o mais feliz da minha vida'*, e depois dos momentos mais tristes, da morte do pai (da qual é todavia resistente a falar porque ainda lhe causa muito sofrimento) e da doença da mãe: *'É um dos principais, motivos pelos quais quero voltar para casa: se não a cuido eu, não sei no que vai dar; e depois tenho medo que não tome os medicamentos que deve'.* Pergunto a ele os outros motivos pelos quais deseja voltar para casa: *Porque em casa me sinto livre... não que aqui não me sinta bem, por favor, porém... E depois tem aquela outra coisa que a senhora, doutora, já conhece.* 'Que coisa?' *Mas sim, não se lembra que eu já lhe falei? Aquilo que tem sobre o armário no quarto: os quinhentos milhões de títulos ao portador. De qualquer modo, eu já falei com o meu tio e ele me disse que sobre o armário ninguém mexeu.* Escutamos agitação no corredor: 'Marcos, não vem comer?', pergunta um enfermeiro; me olha como se quisesse me pedir permissão. *'Posso?'* 'Certamente que pode ir, se quiser'. *Poderemos retomar à tarde, ou amanhã a nossa conversa fiada".*

Marcos terá alta no dia seguinte. Combinando com o colega médico de referência que trabalha naquela região, deixamos ao paciente a possibilidade de escolher aonde ir para fazer as consultas e ter as sessões: a decisão é motivada pelo fato de que uma brecha dialógica se abriu aqui durante a hospitalização na Unidade e ficou um pouco abalada a relação com o colega que o acompanha no ambulatório. Então fixamos, sejam as consultas de controle na Unidade, sejam aquelas domiciliares com os colegas e os operadores do Centro de Referência em Saúde Mental da região, explicando expressamente que estas servirão mais para a mãe. Na realidade, este instrumento, – as consultas domiciliares, representam uma possibilidade de sentir e verificar a evolução da condição psicopatológica de ambos no ambiente deles. Ocorre então que Marcos, que tinha cruzado as portas da Unidade na condição de Internação Involuntária, retoma espontaneamente as consultas de controle como paciente ambulatorial.

As consultas de controle depois da alta

"Tinha lhe prometido e vim para o controle", inicia sua fala logo ao entrar no consultório durante a primeira consulta. Fico chocada ao vê-lo, porque não estava de todo convencida que voltasse às consultas de controle, mas como frequentemente acontece no nosso trabalho, a realidade nos surpreende e transcende os nossos projetos e pré-julgamentos. *"Vai melhorando, me sinto mais tranquilo, porém não gostaria de permanecer mais de 20 minutos, primeiro porque deixei meu carro em permissão de estacionamento por apenas meia hora e depois porque penso não conseguir sustentar o encontro com a senhora por muito tempo principalmente porque a senhora vai muito fundo a ponto de arriscar me perturbar"*. Diz isso com extrema delicadeza e gentileza, sem recriminações, mas com certa bondade e ironia. Na realidade, o encontro não toca nenhum tema com profundidade, me parece já muito importante o simples fato de que ele tenha vindo. Nos cumprimentamos e marcamos um compromisso no regresso das minhas férias.

Não obstante tenham se passado 15-20 dias, se apresenta ao compromisso fixado. Chega com alguns minutos de atraso: *"Mas está demasiadamente quente e estava dormindo na minha casa. Depois me lembrei do compromisso e vim, mas não estou muito animado, talvez seja melhor que nos vejamos numa próxima vez"*. Aproveito para lhe recordar a oportunidade de uma terapia de *depósito* (de liberação controlada), mas se irrita e me diz: *"Tomo todas as gotas que quiser, mas as injeções não, não as suporto"*. Vejo-o um pouco lento e um pouco apagado por isso lhe proponho uma redução da dose de haloperidol, também para demonstrar-lhe que acredito nele.

Apresenta-se regularmente no horário também na terceira consulta: *"hoje acordei e estou contente de estar aqui e de te dizer que está indo tudo bem. Realmente nos meses anteriores aconteceu alguma coisa no meu cérebro... como se tivesse saltado alguma coisa... É verdade que fui até a frente de um cemitério da cidadezinha; eu estava convencido de ver uma presença, quiçá, aquela do meu pai, o qual possivelmente procurava proteção... sei que os outros não o veem. Agora não tenho mais necessidade dessas coisas; me sinto muito mais tranquilo... Pensei naquilo que me disse na outra vez: talvez a senhora tenha razão; poderei correr atrás de um trabalho ou mesmo me deixar ser ajudado pela senhora ou pelo seu Serviço para uma inserção numa cooperativa de trabalho".* Me dispus então a explicar-lhe quais seriam as características do trabalho em uma cooperativa, das desvantagens e das vantagens que apresentam: o salário seguramente não é alto, a necessidade de trabalhar com pessoas com alguma dificuldade, a exigência de um período de teste: *"Compreendo todas essas coisas e estou interessado em experimentar".* Fica marcado um encontro com o assistente social do Centro de Referência que se encarrega das inserções laborais.

Na quarta consulta, chega com pontualidade, espera quinze minutos decorrentes do prolongamento da consulta precedente. Logo sentado me mostra sua carteira da previdência social: *"Sabe, a senhora tinha me pedido, hoje eu trouxe, assim pode escrever as gotas que deverei tomar".* Considero esse gesto muito importante, mesmo na sua banalidade: trata-se, realmente, de uma lenta, mas gradual tomada de consciência do transtorno psíquico que é importante que aconteça quase de modo imperceptível para evitar as terríveis recaídas depressivas (as depressões pós-críticas) que podem apresentar-se nas fases de "desaparecimento", de decapitação dos sintomas produtivos, quando se apagam os sintomas incandescentes da experiência esquizofrênica, assim como está acontecendo com Marcos: *"A sessão com a assistente social caminhou bem: me fez algumas propostas que, em parte, aceitei; agora, ela disse que deve consultar com vocês médicos e depois decidir".* Hoje ele recolocou os seus óculos de sol: eu o fiz notar, dizendo-lhe apenas que estes espelhos colocados entre os seus e os meus olhos fazem ficar mais difícil o encontro com ele: *mas eu os coloco porque são repousantes.* Eu lhe respondo: "Repousantes ou isolantes? A mim parece que queira se isolar colocando esse espelho". *"Uma vez talvez sim. Mas agora não tenho medo que a senhora leia nos meus olhos também porque muitas coisas lhe estou dizendo eu espontaneamente".* Agora o convido a voltar àquelas experiências "estranhas", de visões quais tinha me acenado: *"Não sei que tipo de explicações tenham, se neurológicas ou psiquiátricas. Eu, nos meses anteriores, via certos escritos em vermelho, via olhos penetrantes que me induziam à clarividência. Agora não vejo mais nada de similar e assumo por isso que não seja nenhuma verdade. No máximo, agora vejo as essências, mas como pensamentos e afetos: assim agora vejo a essência do meu pai, mas não é ligada a um fenômeno perceptivo, mas afetivo".* Faço-lhe notar a riqueza da linguagem que ele usa e me responde sorrindo: *"Não apenas a senhora usa uma linguagem universitária...".*

Em direção à normalidade

Os sucessivos contatos aconteceram regularmente e, aos poucos, o assunto do encontro se transformava naquele da vida normal ligada aos problemas da inserção no trabalho e às dificuldades de relações com a mãe, contudo colocadas com uma boa capacidade crítica e de controle emotivo. Com o tempo, o fogo incandescente do delírio se apagou, e isso representou uma redução da angústia e também um empobrecimento e uma simplificação no sentido da "normalização" da vida e do modo de lê-la. Como ficou evidente por suas histórias, o delírio representava para ele a defesa da angústia da morte do pai e uma tentativa de manter vivas, de fazer durar, as coisas e as pessoas amadas, não tendo respostas mais racionais ou humanas a aceitar ou a reconhecer. Se a vida quotidiana oferece, porém, uma mínima possibilidade de relação e de encontro, mesmo os sujeitos mais "perturbados", mas inteligentes e profundos como Marcos, abrem-se a novas condições de encontro e de diálogo, aceitando até mesmo reorganizar a própria vida social e laboral sobre modelos completamente novos. Agora, as conversas aqui têm outros temas, às vezes mais banais, mas esse é o preço que, pelo menos na fase de estabilização, se paga para permitir o emergir de aspectos de partilha de temas mais "comuns e normais", nos quais é possível retomar uma identidade também social que andava completamente submersa pela "alienação" e "originalidade" do delírio.

Maria Teresa Ferla

O Homem das Aranhas
A permeabilidade do autismo esquizofrênico

A história da escrita nestas páginas pretende documentar como, dentro de uma condição psicopatológica caracterizada por um delírio florido e estruturado e, sobretudo, por um retiro social, permanecem espaços de encontro e de comunicação mesmo para aqueles, como esse paciente que há anos se encontra a viver numa radical solidão, em uma total ausência de contato com o resto do mundo[38]. É uma enésima documentação de como se mantêm vivos os espaços extrapsicóticos também nas formas mais avançadas, que se prolongam no tempo e de como, para fazê-los reflorescer, basta disponibilidade ao encontro, à compreensão dos silêncios e das palavras que, aparentemente, parecem privadas de qualquer significado: isso pode se dar em lugares, certamente, aqueles da psiquiatria, seja ambulatorial ou hospitalar, privados de instrumentos de violência e de coerção, capazes de criar e manter um clima terapêutico e humano a fim de que sobrevivam essas realidades que, muito frequentemente, nós, operadores dos serviço,s excluímos ideologicamente e não sabemos observar e captar o transparente e autêntico significado deles.

Uma estranha história

O paciente, que chamaremos Luiz, chega à Unidade precedido de um telefonema dos colegas do Centro de Referência em Saúde Mental: "Vocês têm um lugar na Unidade? Porque devemos sair para ver uma pessoa que parece ter vinte anos que não sai de casa". Apresentação e linguagem coloquiais com as quais, infelizmente com muita frequ-

---

[38] MINKOWSKI, E. *Trattato di Psichiatria*. Milão: Feltrinelli, 1973.

ência, na Psiquiatria se tratam as pessoas e a existência delas. De fato, depois de cerca de três horas chega do pronto socorro uma chamada para o médico psiquiatra do turno: "Tem um paciente de internação involuntária". O Colega que o interna escreve na ficha: "Internação Involuntária na data de hoje por psicose paranoide". Dos colegas do ambulatório, apreende-se que o paciente há cerca de trinta anos vive numa condição de isolamento total, se alimentando de maneira desorganizada em uma casa obstruída por sujeiras de vários gêneros. Tem uma parente que, de vez em quando, procura-o em caráter de primeira necessidade. Os policiais abriram um inquérito sobre tal parente por abandono de incapaz. O paciente parece fechado em seu delírio lúcido e bem-estruturado, rejeita qualquer aproximação, gritando e com a face coberta: "*Vocês violaram a lei, eu estava atendendo aos meus estudos e aos meus experimentos, e vocês entraram com arrogância no meu mundo; quem vocês são? Usurpadores! Aqui escuto rumores, berros, gritos... De quais círculos infernais*[39] *vocês vieram?*"

Na manhã seguinte, encontro pela primeira vez o paciente durante as visitas. Luiz está sentado no leito, o corpo envolvido por uma série de suéteres entrelaçados com maestria e que utiliza como abrigo junto de um par de calças que lhe servem como capuz para cobrir o rosto; por esse capuz se vê despontar uma barba branca despenteada, mas limpa e se escuta sair uma voz um pouco estridente, mas bem modulada: "*Eu estava em minha casa... não dava trabalho a ninguém... não entendo por que me trouxeram para cá. Não tenho necessidade de fazer qualquer exame: eu também sou médico e sei reconhecer os sintomas. Sempre me alimentei adequadamente e não tenho nenhum distúrbio*". Apesar da sua não colaboração, que se limita, contudo, a um protesto verbal, efetuamos uma punção para exames hematoquímicos de rotina. Pelo exame mental daquela manhã se evidenciava: "o paciente parece descuidado, mesmo estando limpo.

---

[39] Círculo do Inferno Dantesco. (N.T.)

Interrogado sobre o motivo de uma vestimenta assim, bizarra, (os diversos suéteres envolvidos em torno do tronco) responde *'ser livre de vestir-se e de escolher estilos e modos de vida como qualquer outro cidadão livre'*. A tensão é espontânea, livre: responde às perguntas que lhe são endereçadas com prontidão e com uma linguagem muito correta; o discurso é fluido, gramaticalmente rico, não bizarro nem esquisito. O tom de voz é variavelmente modulado: quando se depara com argumentos mais 'pessoais' a voz se faz mais aguda e estridente: normalmente o tom de voz é pacato. Os conteúdos do discurso são organizados sobre um protesto do "abuso" do qual se toma como vítima. Fornece dados corretos sobre a sua anamnese e sobre sua pessoa: *'eu também sou médico, fiz uma especialização em hematologia e em endocrinologia; conheço o código deontológico: não faria jamais a algum de meus pacientes aquilo que vocês estão me fazendo. Estou bem: queria apenas ver a minha parente. Espero que tenha sido informada daquilo que me aconteceu'*. Os aspectos formais do discurso não denotam rupturas ou dilacerações. Não parecem emergir experiências de alteração de percepção".

Pela manhã, tínhamos encontrado a parente que se fazia presente por dever se apresentar ao juiz por ter sido convocada no Tribunal. Estava vestida com elegância e cores vivazes, que não disfarçavam, de todo, um ponto de desordem e descuido. Dizia-nos: "Cada fim de semana eu vinha à cidade natal, sobretudo nos últimos quatro anos, desde quando morreu a mãe de Luiz; eu não saía jamais de casa: eu, no fim de semana, lhe levava o que comer (uma dieta muito cuidada e particularizada: iogurte, geleias selecionadas, leite em pó enriquecido); eu também lhe levava lenços umedecidos comprados na Suíça embebidos em álcool que ele usa em sua limpeza pessoal. Frequentemente ficava com ele no fim de semana junto com meu companheiro". O contato (impactante) com ela me suscita uma impressão de estranheza, de uma rigidez no encontro: os olhos agitados e inquietantes, um sorriso de fachada de todo inadequado à situação e contrastante com o que está se passando. "Estávamos prestes a mudar; não compreendo por que tenha sido necessário recorrer a tais providências". Neste ponto, peço ajuda aos colegas que entraram no quarto do paciente e colocaram em prática a Internação Involuntária. Os colegas disseram que foram chamados ao lugar quando já as forças de ordem tinham entrado para uma visita ordenada pela autoridade judiciária acompanhados pelos médicos da vigilância sanitária. "Encontramos uma situação alucinante, a casa parecia invadida por uma série de estratificações dos mais variados materiais: sacolas plásticas contendo resíduos alimentares, materiais já estragados, mobílias cobertas por estes materiais e em extremo estado de descuido; por fim, a estrutura presente na casa parecia um tanto precária: o teto caindo, janelas que, no lugar dos vidros, tinham papelões, paredes quebradas. Para chegar no 'quarto' onde se encontrava o paciente foram 'derrubadas' algumas muralhas dessas estratificações, enquanto não foi achada uma espécie de 'vala' da qual se notava movimento: se tratava da cabeça do paciente que, recoberto por trapos, pedia que nunca entrassem em sua casa". O colega sustentava (a dificuldade pelo cheiro reinante na casa) uma conversa com o paciente que continuou a contrapor o próprio ponto de vista alegando não fazer mal a ninguém, de estar só intencionado às suas observações... Foi também referido que o paciente não estava vestido de qualquer coisa e que parecia um tanto magro.

Nos primeiros dias de internação, o paciente nos informa de não ter a intenção de se alimentar e de iniciar uma greve de fome como protesto por essa internação e pelo fato de ainda não ter encontrado a parente (coisa realmente verdadeira, mesmo porque o juiz tinha pedido que ela visse o paciente nos momentos preestabelecidos e sempre com a presença de um de nós). O paciente tem conhecimento das investigações em curso porque outro paciente levou-lhe o jornal local, que reporta com certa relevância a notícia da sua internação: *"Mas a que se permitem escrever esses jornalistas! Aquela era a minha casa e o lugar onde eu não apenas vivia, mas preenchia a minha vida e cultivava os meus interesses: certo não reportava a escrita ao 'instituto superior de física e de biologia molecular', mas eu lhes conduzia os meus estudos e os meus experimentos por mais de vinte anos. Descreveram-na como um monte de lixo: Na realidade, muitas daquelas cartas eram documentações dos meus trabalhos. Utilizava um sistema de escrita tipo taquigrafia, e tinha certos pequenos rolos nos quais transcrevia os resultados das minhas observações. E então o que é a ordem, e a limpeza? Vocês dizem que vivia em condições de aparente desgosto, de papel ordinário, de imundície. Mas tinha uma grande ordem por trás, uma grande beleza: tudo aquilo que acontece na natureza está submetido a regras que respondem à perfeição da matemática; assim, a estética é como a matemática ou como a biologia molecular; eu sou uma realização estética que a biologia realizou mesmo se superficialmente a vocês faz apenas desgosto... Mamãe, se você estivesse aqui, morreria uma segunda vez, mas de desgosto... E então aqui falam de uma vala na qual eu estaria sepultado. Na realidade aquela era a posição melhor para a observação das aranhas e de suas teias: nos últimos meses, eu estava realmente me ocupando do comportamento delas, tidos como últimos no reino animal, que, ao contrário, demonstram com os seus comportamentos seguir também nesses sempre um sentido, um significado: então também essas são dotadas de pensamento. Embora a neuroanotomia e a neurofisiologia delas seja elementar, essas têm uma atividade mental, e se têm uma atividade mental têm talvez uma vontade, um livre arbítrio? Vejam quantas sugestões nos vêm da atenta observação: eu tinha notado como as aranhas de pernas compridas se comportam diversamente das aranhas de pernas curtas com as suas presas. Neste período, as condições da casa constituíam um habitat ótimo (tinham muitíssimas aranhas e teias). As observava, sobretudo à noite, quando se dá um maravilhoso abraço entre a aranha e sua presa... Não tinha necessidade do sol e da sua luz... Sendo assim, quero retornara para a minha casa!"*

A posição de rejeição da comida se manteve pelo dia inteiro, mesmo se depois da visita da parente alguma coisa pareceu ceder no sentido de uma confiança em nós, também com sentimentos de gratidão, talvez por termos permitido esse encontro. No dia seguinte, decidiu-se de maneira peremptória removê-lo da proteção dos trapos que ainda recobriam o seu corpo e dar sequência, cortando seus longos cabelos e a longa barba, ao menos aquele mínimo necessário para a apresentação. Esse gesto "autoritário" drasticamente mudou a modalidade de relação do paciente de uma aceitação e uma confiança dada a quem, na realidade, tinha se preocupado realmente com ele e com ele tinha transcorrido muitas horas do dia e se tornou um interlocutor: *"O senhor é no fundo um amigo severo..."* – disse ao médico-chefe que tinha imposto tais condições.

A transformação radical à qual assistimos desde aquele dia e que reforça a impressão inicial é aquela de se encontrar de frente a um homem de grande capacidade de encontro e de empatia, da gentileza extrema sem qualquer vestígio de sedução ou de narcisismo exagerado, sem ostentação de si ou dos seus próprios dotes, mas que expõe, com extrema naturalidade, suas convicções e as reflexões, sobretudo de tipo filosófico: *"Vocês me perguntam se eu sou muito ligado a minha parente? Como se pode medir, quantificar um afeto? É um contrassenso. Ela se preocupou comigo em todos esses anos: quando vinha me procurar, falávamos de tudo, me mantinha informado dos acontecimentos mais importantes".* Nessa ótica, efetivamente parece bem-informado sobre os acontecimentos de política internacional (*"Eu também, como Bill Clinton, toda manhã pretendo fazer um pouco de caminhada"*); ele possui um patrimônio de estudos literários um tanto elevado: *"Se conheço Leopardi? Sabe que a última estrofe do infinito ele a pegou de uma mística que tinha expressado esse naufragar do ser talvez de maneira ainda melhor do que ele?".* Também o patrimônio filosófico não é pouco: *"Shopenhauer: grande no seu niilismo. Eu sou religioso, não no sentido das religiões reveladas ou daquelas que queriam fazer-nos crer em um Deus que tenha se igualado aos homens: impossível contaminação entre a pureza primária e a nossa feiura. A natureza é a grande fonte à qual observar e se inspirar: as minhas pesquisas foram concentradas sobre uma tríade: a filosofia, a poesia e a ciência. A ciência não pode ser feita sem metafísica. Os processos, as dinâmicas da natureza respeitam um modelo de perfeição matemá-*

tica absoluta". Cada vez mais, esses espaços extrapsicóticos assumem o lugar do delírio: o paciente quase não nos fala mais das suas pesquisas ou melhor tende a minimizá-las e a ironizá-las: *"não fazia nada de especial: eram simples observações, prenúncio de avaliação e cálculos que teria efetuado com os instrumentos adequados como nos laboratórios que são respeitados".* Fazem-se mais evidentes as preocupações realísticas sobre a sua problemática situação ambiental e habitacional: *"Mas agora onde irei viver? Por que todas essas investigações? Eu posso explicar o sentido de tudo aquilo que foi interpretado como desordem e então eu já repeti outras vezes, estávamos em vias de fazer uma mudança e a casa assim mal-arranjada tinham-na deixado os operários que não tinham terminado os trabalhos".* Também com relação à perícia solicitada pelo juiz parece informado: *"Certamente sei que estão vendo se tenho todos os parafusos no lugar!"* Diferentemente de outros pacientes, com um delírio lúcido e estruturado, toca-nos a mobilidade e elasticidade mental com a qual passa de um argumento a outro, em geral proposto por nós, assim como a capacidade de ambientar-se na Unidade.

Depois do quarto dia, finalmente, sai do quarto para almoçar junto com os outros pacientes na sala comum, comendo normalmente os alimentos propostos; se ajudado, caminha até a cozinha. À pergunta sobre há quanto tempo não passeava mais ou não via mais a luz do sol, responde: *"Dava apenas alguns passinhos no quarto para alongar as pernas; não saía mais fazia muitos anos. Da luz do sol então, não tinha necessidade: sabe que existem muitos sóis, e a senhora sabe a que me refiro... As nossas ideias se acendem na nossa cabeça como sóis, como pequenas lâmpadas em uma sala. E depois eu não preciso da luz do sol: o escuro, o negro é a perfeição. Se tivermos apenas uma intenção, tudo muda".* À pergunta se não se chateia com o tipo de vida que leva, declara: *"A chatice: eu não sei como alguém possa se chatear: cada palavra, cada pensamento são como uma novidade, representam um diálogo, cada dia uma mudança... Aqui continuo a ter saudade e ao mesmo tempo a sentir espanto pelo tratamento e pelas pessoas que existem e não o digo para alguém me cativar: é só o lado burocrático que é agressivo; de fato, eu estou como um sequestrado".*

Mas qual é a sua verdadeira história?

A tentativa de reconstruir uma anamnese se desmorona principalmente pela impossibilidade de datar os principais acontecimentos da vida e não devido aos déficits de memória, pois que é muito preciso quando me fornece as datas de nascimento e de morte dos pais; também da própria vida profissional passada não pretende falar. Tem-se a impressão de uma defesa do próprio mundo interior, íntimo e privado, em relação a interlocutores ainda de algum modo estranhos e indiferentes: *"Como pode pretender que eu a responda sobre argumentos assim pessoais? (A relação com a minha mãe ou a minha vida sentimental.) A senhora entra em partes excessivamente reservadas e que não pretendo tornar públicas. A senhora é muito histórica: deveria ter estudado história, se vê, a senhora está com a idéia fixa* (atingindo na realidade um dos interesses mais vivazes do subscrito), *quer datar tudo, mas nunca se perguntou o que é a história? Não existe uma história, a possibilidade de uma objetivação histórica: principalmente se constroem romances. Não me pergunte a biografia, aquilo que a senhora escreverá sobre aquela ficha é incompatível com o que tenho realmente vivido, e não porque eu seja sei lá quem, mas porque é assim para cada homem".* Na realidade, em um próximo encontro, é ele mesmo quem retorna sobre o assunto da anamnese: *"a propósito daquela pergunta se tivesse nascido, em parte tenho me recordado, porque tenho uma memória fetal; recordo muito bem quando estava no líquido amniótico: nasci depois do limite, procrastinei para sair, estava muito bem lá; era como uma espécie de paraíso... Com a minha mãe tinha uma harmonia em tudo; ela compartilhava os meus estudos, ou melhor, me estimulava...".*

Com o passar dos dias, os encontros com ele se fizeram sempre mais espontâneos. O comportamento reivindicativo e de protesto cedeu lugar a um desejo comunicativo, tanto durante os passeios conduzidos por toda a equipe, mas sobretudo nos encontros pessoais se abre para contar sua própria história, suas próprias lembranças da infância e da juventude: *"A minha família, o afeto e a estima que os meus pais viviam um pelo outro, é uma das coisas mais preciosas que trago comigo: meu pai era piloto da aeronáutica, mas depois de ter constituído família, quis trabalhar no banco (foi dirigente de um importante banco); estimava e respeitava a minha mãe. Jamais percebi uma desavença ou uma briga entre eles. Minha mãe era professora elementar, mas teria podido ensinar na universidade por causa da cultura e da preparação que tinha. Deles lembro como eram apreciados na cidade porque eram sempre atentos a todos; nos anos do fascismo, não foi fácil para eles... Também nos anos da guerra lembro sobretudo de 1943 a 1945, os bombardeios, as fugas enquanto se ia para a Escola... A minha escola foi o liceu clássico. Sem essa formação clássica, seria muito menos vivo que agora. Nós temos no sangue, no coração, sem nos darmos conta, a cultura grega, somos profundamente influenciados por aquela mentalidade, pelos seus poetas, pelos seus filósofos. Depois, os estudos de medicina: realmente não tem ninguém na minha família que chegou a ser médico, mas eu, desde quando frequentava o maternal, queria me tornar médico: compreender e ver a pessoa, os seus ossos, a sua anatomia, mas sobretudo a histologia. Me apaixonei pela endocrinologia porque é maravilhoso conhecer os mecanismos de regulação, de feedback, de autocontrole do nosso corpo. Na Universidade, vivia sozinho até que me alcançou uma parente minha... Depois morreu o professor ao qual eu era ligado e com o qual fiz algumas viagens* (lembra com comoção a sua permanência em Paris e em Saint-Malo) *e depois decidi continuar os estudos em minha casa".*

A saudade de um encontro

Os dias de hospitalização transcorreram, e o Doutor Luiz continuava a surpreender-nos pela sua amabilidade, a sua fineza, a sua cortesia em responder às nossas perguntas e nos contar a sua vida; desde já recorda sem particulares resistências a sua juventude, a sua família, o caráter da mãe e do pai.

Também a sua "mobilidade" física aumenta; agora, além de sair do próprio quarto para almoçar junto aos outros, passeia sozinho no corredor da Unidade até que, em um belo domingo de junho, aceita um convite de um enfermeiro para dar alguns passos no jardim do hospital.

No dia seguinte, assim nos diz: *"Sim, ontem eu vi e senti o sol sobre mim depois de doze anos que não o sentia; como eu já disse, ninguém me prendeu: foi uma escolha minha; eu não tenho necessidade do sol e todas essas belas emoções podem ser experimentadas com a própria mente ou na solidão: O rumor, o barulho das pessoas, aquilo nos oprime, não o falar consigo mesmo, isso nos coloca em relação. A ciência, a poesia fazem os seus caminhos, a sociedade não: é capaz de golpear e ferir um homem na sua dignidade. Por isso, recusei a sociedade porque esta é uma sociedade arcaica e não merece nem mesmo o meu voto".*

À tarde, aproveitando-se de um outro belo dia ensolarado, o médico-chefe acompanha o senhor/Doutor Luiz a um passeio até o bar do hospital onde juntos tomam um café. Ali os vi de longe: um respeito e uma atenção recíproca, uma compostura, aquela do senhor Luiz, elegante e senhoril que não se alterava tampouco pela branca e longa barba e pelos cabelos que o vento daquela tarde desarrumava, dando ainda maior ar de mistério ao nosso doce paciente. Depois das primeiras semanas de internação, começaram a prevalecer os aspectos de natureza médico-legal. A autoridade judiciária emitiu uma ordem de efetuar uma inspeção à qual se seguia a apreensão da casa com a internação forçada do paciente.

Por conta do Tribunal, iniciava-se um processo de interdição do Sr. Luiz, nomeando-se um consulente técnico de ofício, pedindo-se, também, uma avaliação técnico-psiquiátrica da parente: *"Digam os que o consultaram – tendo visitado o senhor Luiz, examinados os autos do processo, e concluída qualquer outra verificação também clínica – se ele é ou foi, por doença mental ou corporal, ou por qualquer outra causa, incapaz de prover a si mesmo. Indiquem, na medida do possível, o surgimento e a evolução da eventual incapacidade e notifiquem qualquer outra informação útil aos fins da justiça, com particular referência à possível relação de tal incapacidade com eventuais patologias pela qual a parente possa ser afetada".*

Delírio a dois?

Um tanto particular nos pareceu desde cedo a ligação entre o paciente, designado ao menos como tal, e a sua parente. A adesão total dessa às escolhas de vida do paciente; a estima infinita pela sua genialidade, pelas suas descobertas, elementos que dominavam a cena sem permitir a ela captar os dados de realidade mais concretos. O risco que envolve uma declaração de inabitabilidade da casa não parece preocupá-la, pelo contrário, quando vem a saber dessa possibilidade não fica nem ao menos surpresa. Assim como, por outro lado, a descoberta da providência de nominação de um tutor provisório a lançam na raiva e na angústia: *"Conheço bem Luiz: não suportará uma humilhação do gênero... Só eu conheço a fundo as suas reações... É muito grave aquilo que vocês estão fazendo... A senhora não compreende: eu não posso prover sozinha a mudança daquele laboratório no qual tudo é perfeitamente organizado segundo esquemas bem precisos. O prefeito me deu apenas um mês para providenciar a desocupação que eu prefiro definir como mudança... Deve absolutamente presidir a ele... De resto, vocês já disseram que ele pode receber alta".* Na realidade, foi programada uma alta provisória do paciente que deveria passar alguns dias na casa da parente para permitir-nos avaliar a capacidade de adaptação do senhor Luiz a um ambiente diferente, e também a capacidade de resposta às necessidades concretas demonstrada pela parente. Projeto que virou fumaça a partir do decreto de "restituição de coisas embargadas", encaminhado ao paciente pela procuradoria do tribunal e que responde ao "prefeito que tinha pedido a providência da desapropriação do apartamento, sendo ele responsável pela declaração de inabitabilidade e ordenar a desocupação". Não apenas ratificado tal ato, tanto a parente quanto o paciente veem nesse a possibilidade de voltar para a casa: *"Agora nos tiraram os lacres e nós podemos retornar".* Toca-nos o resvalo no sentido do erro de interpretação por parte de quem é conhecedor do direito, como sabemos ser a parente. Deixa escapar um análogo mal-entendido, mas provavelmente a tensão daqueles dias a marcou profundamente até fazer-nos suspeitar e temer pela sua saúde psicofísica. Ela informava escrupulosamente cada passo seu ao paciente: *"Entre mim e ele não existem segredos de qualquer natureza; pelo contrário, ele é pra mim um grande conselheiro: muitas vezes me ajudou com seus conselhos. Agora ele sabe das coisas terríveis que caíram sobre nós: a última perversidade foi essa nominação de um tutor. Pra ele um tutor! Declará-lo interditado! Ele com a sua inteligência e com a sua sabedoria! E mais, isso significa não ter qualquer confiança em mim! Esse movimento custará muito caro àquele magistrado! Meu advogado disse que não devo me preocupar!"*

Naqueles dias, nos quais a parente tomou consciência de tudo aquilo que, em termos médico-legais estava acontecendo, não chegamos a ver o paciente perder a calma; somente reivindicava o direito de voltar para a própria casa preocupado sobretudo com o destino de sua papelada e do material biológico (várias caixas contendo os mofos ou o alimento preparado para as lacraias) que representam para ele o fruto das pesquisas de anos e anos de trabalho: *"Ao contrário de me ser grata pelos meus estudos e pelas minhas pesquisas, a sociedade me condena; mas não é justo estar calado de frente a essa injustiça realizada certamente por ignorância: é necessário que alguém demonstre a sua revolta! É necessário que alguém se sacrifique para se opor a tal injusto poder!"* Fala com palavras calmas, mas decididas. O espectro de uma morte voluntária foi subitamente temido pela parente no dia em que "descobriu" o processo de interdição promovido pelo Ministério Público. Não obstante a ambivalência da ligação e alguns aspectos francamente patológicos da relação entre eles, parece-nos difícil sustentar a hipótese de um delírio a dois[40]: as existências dos dois juntos se desenvolveram, no fundo, em âmbitos distantes um do outro e apenas tangencialmente se encontram de uma maneira intensa na qual quem domina normalmente a cena é Luiz, o gênio incompreendido e talvez mantido ainda numa grande solidão forçada, na qual a sociedade

---

[40] MASTELLA, C.; COLOMBO, G. Medea: La madre Che uccide, *Quaderni italiani di psichiatria, v.* XVIII, n. 1, 3-21, 1999.

o constrangeu. A vivência humana pessoal e social da parente se desenvolveu independentemente daquela vivida em uma outra cidade, com o trabalho que lhe oferece autonomia e inserida num contexto social e laboral de todo diferente.

Epílogo

A experiência psicótica que descrevemos é marcada pela presença de uma estruturação *delirante* que se consolidou como continuidade de sentido em uma existência que, no plano da relação com o mundo, caminhava se desagregando paulatinamente, até alcançar a mais completa solidão no contexto de um autismo rico (no sentido de Minkowski). A ruptura com o mundo atingiu o seu ápice quando o paciente se encontrou contra a sua própria vontade internado em nossa Unidade. A plasmabilidade, a osmoticidade do autismo esquizofrênico em relação a outras experiências autistas (depressivas, maníacas) encontra aqui outra comprovação, assim como a reconstrução psicogenética do delírio dentro do desenvolvimento histórico da existência do paciente, se mostrou em toda a sua compreensibilidade. Foi possível "cuidar", isto é, escutar, encontrar, compreender esse paciente psicótico também graças ao clima e às características do lugar de cuidado: os lugares da Psiquiatria (sejam esses Unidades hospitalares, ambulatórios ou Comunidades) devem ser lugares livres de qualquer forma de coerção, abertos no contexto do ambiente, no qual estão inseridos e caracterizados por um respeito à pessoa adoecida, à sua história e aos seus valores. Ao lado de uma farmacoterapia, que não pode ser selvagem ou decaptadora de sintomas às vezes essenciais para a sobrevivência do paciente, se associa uma psicoterapia como comunicação interpessoal para além de qualquer conotação técnica e na qual fundamental é a participação emocional nas vivências do paciente e do seu sofrer. Com o passar dos dias, a relação com o Doutor Luis se consolidou para uma estima e confiança recíprocas. O programa das altas é o cuidado em domicílio em uma nova moradia em uma Comunidade próxima encontrada pela parente. Os operadores do Centro de Referência em Saúde Mental da região realizam uma inspeção e confirmam que a nova casa é digna e adequada às exigências do paciente. Define-se, então, a sua alta com uma passagem direta da Unidade à nova casa. Conclui-se assim a viagem/aventura do Doutor Luis, que esperamos ter restituído o menos traumatizado possível buscando, sobretudo, estimular a capacidade de relação e de encontro interpessoal que ainda vivem nele, não obstante a presença de um delírio florido e estruturado e também a solidão radical na qual viveu todos esses anos. Procuramos reportar na mente e no coração a saudade de um encontro entre humanos: não podem, com efeito, as tramas misteriosas e alusivas das teias ou as penumbras silenciosas daquela casa transformada em um laboratório competir com as sugestivas lembranças e o poderoso calor que pode dar a luz dos olhos de um ser humano que encontra um outro ser humano.

É escura a manhã que passa sem a luz dos teus olhos. (Cesare Pavese)

Para além daquela esquina

*A hereditariedade da loucura: transmissão
genética ou transmissão afetiva?*

Por quase vinte anos, as consultas domiciliares à paciente que chamaremos Bárbara se desenvolveram na sombria, mas elegante sala de visitas da família, limpa, com belos quadros de pintores conhecidos pendurados nas paredes, certamente num estilo já ultrapassado, mas acolhedor. Nunca pensaríamos encontrar o que vimos para além daquela esquina que leva à "zona noite" e à cozinha: um outro mundo, o mundo da loucura com a sua desordem, a sua bizarrice na disposição dos objetos; um mundo oculto até então, mascarado e zelosamente preservado aos olhos dos estranhos à família. Mas naquele dia, Bárbara estava demasiadamente mal e sobretudo estava só em casa, sem mais o filtro da mãe e do irmão, e nos consentiu aceder àqueles espaços e àqueles lugares que apenas deflorados com o olhar nos enviavam a "outro": um espaço vivido em um descuido, no qual a disposição das coisas tinha significados e símbolos bem precisos. Mesmo o tempo, a experiência do tempo que se experimentava para além daquela esquina reenviava para outra parte, estava como que parada, fixada, quiçá onde – seguramente antes da morte da mãe...

A loucura de Bárbara

A história de Bárbara começa no distante ano de 1976, pelo quanto pudemos documentar, com uma internação em Hospital Psiquiátrico ocorrida em 3 de junho daquele ano. Mas talvez tenha se iniciado muito antes, com o adoecimento do pai, internado mais vezes em Hospital Psiquiátrico (HP) e falecido com 58 anos em 1975. Em 1976, ela tem 28 anos, tendo nascido em 1948; Eduardo , o irmão, tem 25, a mãe tem por volta de 50, e o pai faleceu um ano antes. Das velhas fichas, se consegue muito pouco: depois do diploma de técnico em administração, conseguido em um instituto privado, Bárbara não teria jamais trabalhado, vivendo na casa com a mãe. Esta última narrativa, como vem reportado na ficha clínica no momento da internação, que a filha antes da morte do pai não tinha mostrado "qualquer alteração psíquica de particular relevância até o ano precedente à ocasião da morte do pai. De caráter tímido e reservado, viveu sempre perto da mãe enquanto o pai era objeto de contínuas internações em HP. Depois do desaparecimento do pai, apareceram crises de tipo depressivo acompanhadas por uma série de ideias do tipo persecutória...". Esse dado deveria, pelo menos, chamar a atenção para a verdadeira natureza do distúrbio pela incongruência entre os dois sintomas (depressão e ideias de perseguição), mas como frequentemente acontece, os psiquiatras esquecem rapidamente a psicopatologia e preferem enquadrar em diagnósticos pré-confeccionados os seus pacientes e, sobretudo, tratar com uma mistura (explosiva) de associações psicofarmacológicas (antidepressivos associados a neurolépticos) um distúrbio como aquele da nossa paciente que na realidade de depressivo tinha muito pouco. E de fato, aquela que um ano antes foi tratada como uma depressão, explode (também pelo efeito hiatrogênico) em um franco surto psicótico do tipo dissociativo. Assim também termina Bárbara como o seu pai, (depois de ser internada em algumas clínicas privadas), em um Hospital Psiquiátrico com "Ordem de Internação" como se dizia na época (Internação Involuntária). Aqui começa a sua história psiquiátrica, e foi por muitos anos a doente da família. Foi acudida pelo "irmãozinho", depois da morte da mãe, em 1999. Este último resiste atrás da sua fachada de elemento são da família, até janeiro de 2004, quando também sobre ele começa a pender a espada de Dâmocles da loucura.

A história de Eduardo

Já durante as últimas internações de Bárbar,a tínhamos notado as bizarrices do irmão que se caracterizavam como anancásticas, estereotipias comportamentais, certa leviandade na relação e nos encontros, aos quais aderia apenas depois de ter sido convocado pelo Unidade; também ia visitar regularmente a irmã e levar-lhe os cuidados e assistência necessários. De qualquer maneira, nos últimos três anos, tivemos maneiras de colaborar com ele no cuidado da paciente em domicílio que, além de dever fazer uso de fármacos neurolépticos para uma cardiopatia e hipertensão arterial e por uma bronquiopneumopatia, tinha também um discreto número de outros cuidados farmacológicos que o irmão administrava atentamente; a atenção aos fármacos foi particularmente aumentada depois da grave tentativa de suicídio com medicações, praticada por Bárbara em 2001, conseguindo acumular, sem conhecimento do irmão, uma quantidade notável de psicofármacos e de fármacos para as patologias de âmbito interno. Depois de tal gesto não preservador, ditado provavelmente pela piora dos comandos alucinatórios de base persecutória, o irmão tinha adquirido uma espécie de casa forte onde depositava todos os remédios, e da qual tinha a chave. Em colaboração conosco, duas vezes na semana se verificava a regularidade na administração dos fármacos, o clima relacional do núcleo familiar e sobretudo os reavivamentos persecutórios de Bárbara contra os vizinhos de casa, tidos por ela como responsáveis por subtrair-lhe o patrimônio, de acordo com alguns parentes que, porém, viviam distante deles. O problema do dano patrimonial é presente desde o início em Bárbara, convencida de que a mãe tinha-lhe transferido a herança: *"esperou que eu adoecesse de exaustão para levar de mim a herança talvez de acordo com os parentes: é uma herança incalculável depositada em Roma, em uma cova, lá em Roma; meu irmão vai controlar eventualmente se tudo é sob controle, mas ultimamente ele também não me acredita muito mais"*. Assim nos dizia no curso da última internação em 2001, que marcou também uma abertura sobre o plano relacional, com aceitação das consultas domiciliares e atenção à cura de si muito mais precisa que nos anos precedentes. Eduardo sempre sorriu à propósito deste tema nos pedindo compadecer, compreender que *"minha irmã é doente... a herança já foi toda sistematizada: vivemos com as economias do passado, a casa é registrada por ambos e existe a pensão de Bárbara..."*

A loucura de Eduardo

Mas, desde julho de 2003, Eduardo começa, no curso das consultas domiciliares, a nos parecer também "um pouco mais ausente" do habitual: uma vez o surpreendemos discutindo com a televisão, tentando depois justificar com argumentações racionalizantes o seu tagarelar com esta. Foi a irmã que depois do verão nos assinalou a piora de Eduardo: *Talvez necessite de um controle: caiu, lhe está mal um joelho*, nos fala, temerosa certamente de bem aludir a outros distúrbios. E de fato frente à proposta de predispor um Hospital-Dia para pôr em execução os combinados, o irmão recusa, agradecendo pelo interesse, dizendo que já está melhor; Bárbara sustenta a posição. Em janeiro de 2004, Eduardo apresenta um desequilíbrio agudo, subconfusional, delirante e alucinatório devido ao qual foi internado na Unidade, e ele começa a ser também "oficialmente" um paciente nosso. Uma tarde, enquanto ia de trem para uma cidadezinha próxima para fazer umas pequenas aquisições (*"as usuais meias para minha irmã que naquela cidadezinha são mais bonitas do que na nossa"*), *'comecei a sentir estranhas mensagens transmitidas pelos fios elétricos da ferrovia. Se tratavam de sinais provindos de outro mundo... eu podia ajudar os adeptos das ferrovias a descobrir esses sinais... dias atrás, os recebia também em casa pela televisão que compramos há pouco..."* É uma sexta-feira à tarde quando Eduardo se distancia da irmã que desde a segunda não o vê retornar. Nesse intervalo, de fato, é internado em um serviço vizinho à nossa Unidade, que nos informa da internação apenas na segunda-feira seguinte. É esta a ocasião na qual entramos na casa e a descobrimos bem diferente de como a tínhamos sempre visto antes de virar aquela esquina... Bárbara está muito preocupada: nos atende rapidamente, aguardando notícias e nos deixa entender para não deixá-la sozinha.

Qual intervenção para ambos?

Decidimos então uma internação para Bárbara em nossa Comunidade Terapêutica enquanto mantivemos o irmão na Unidade hospitalar de psiquiatria. Asseguramos Bárbara, dizendo-lhe que logo poderá ver o irmão, apesar da condição de desequilíbrio agudo no qual ele se mantinha por, ao menos, dez dias; preferimos postergar o encontro avaliando, dia após dia, qual seria o momento propício. Bárbara, na Comunidade terapêutica, encontra-se muito bem: nos fala da sua vida, desses dois dias nos quais permaneceu com raiva por ter sido abandonada pelo irmão; a ajudamos a compreender que o irmão não estava bem exatamente pelo ponto de vista psíquico – agora o adoecido é ele. Esse deslocamento da loucura sobre a pessoa do irmão é como se tivesse trazido à baila as partes mais sãs de Bárbara, que agora colabora em todos os níveis conosco: aceita deixar-nos entrar na casa e organizarmos uma faxina junto com uma empresa de limpeza; está contente de rever as modalidades de retirada da pensão por si mesma, em vez de delegar ao irmão; nos conta a sua vida passada e os seus desejos futuros de estar melhor, de estar bem em companhia; participa dos grupos de ressocialização com saída junto com outros hóspedes da Comunidade Terapêutica. Tenho bem presente quando, durante uma consulta ao irmão, internado ainda na Unidade, com ares orgulhosos e cheia de si lhe diz: *"Sabe, saí enfim para comer uma pizza à noite; lá me cuidaram bem... Não estamos exauridos como vocês aqui na unidade..."*

Os aspectos formais e de conteúdos do surto de Eduardo

Não foi fácil compreender as vivências do irmão no curso daquele primeiro mês de internação, primeiro pelas condições de alteração do estado de consciência, isto é, pela presença de alucinações acústicas e cinestésicas; a recomposição vem muito lentamente, e Eduardo começa a realizar tentativas de racionalização de seus distúrbios, além da negação propriamente dita. Nossa posição é, todavia, sempre direta na ótica de uma tomada de consciência da doença e seguramente do fato de que agora os doentes da família eram dois, ele e a irmã, e que nós os ajudamos distintamente, cada um segundo lugares e maneiras de cuidados específicos de acordo com as diferentes necessidades que exprimiam. Todavia nos ocuparemos de Bárbara plenamente. As primeiras reações de Eduardo parecem buscar reduzir ou negar tais necessidades, mas é exatamente Bárbara que nos ajuda nessa direção, confirmando que ela quer ser cuidada por nós e estar na Comunidade onde se encontra agora e que ele também *"é bom que ele se deixe cuidar"*. Depois de quase dois meses de Comunidade Terapêutica, para onde também o irmão foi transferido depois da alta da Unidade, as condições de Eduardo são claramente melhoradas: reconstrói com uma certa crítica quanto àquilo que lhe sucedeu nos dias do surto: *"Era desde o verão que não me sentia mais como antes: reduzimos ainda mais os nossos contatos com o resto do mundo porque Bárbara tinha-se feito ainda mais fechada do que de costume e queria sempre ficar em casa com as janelas fechadas e as persianas abaixadas também, mesmo se fizesse mais de trinta graus devido ao grande calor... eu tinha apenas a televisão como alternativa e assim me fixei: comecei a seguir todos os programas de informações e me sentia como uma máquina que recebia passivamente dados... Minha cabeça ficou confusa, e minha irmã não me ajudava seguramente a retomar o fio lógico dos discursos... Agora me sinto muito bem: as ideias circulam ordenadas na cabeça, não mais sobrepostas como antes... Fiquei muito tocado pelo modo como vocês me cuidaram, pelas maneiras humanas, mesmo na Unidade, que tinha antigas recordações terríveis ; o sistema que vocês usam na nova psiquiatria é certamente diferente".*

A história da loucura do pai

Neste momento, aproveito para solicitar ao que nos está comparando e se por acaso não estaria recordando aquilo que tinha visto com o pai no hospital psiquiátrico: *"Certamente me referia àquele tempo e também a quando ele teve alta em 1962 e foi para a tia e depois quase não voltou mais ao hospital. Meu pai era um homem excepcional, também em sua loucura: de uma inteligência fora do normal. Infelizmente, a guerra o arruinou e a sua vida ficou como que parada naquele tempo... partia com um discurso, mas terminava sempre a falar da guerra e a reviver tudo como se fosse ainda na situação da guerra... Os seus discursos que começavam coerentes, depois descarrilhavam noutros e se faziam ou terrivelmente estúpidos ou incompreensíveis"*. A propósito do faltoso retorno em família do pai, ele me diz que entre a mãe e o pai sucederam violentas brigas e que a mãe tinha medo de tê-lo em casa e que por isso foi recebido de volta pela irmã: *"Porém todos os fins de semana e durante as férias de verão, eu ficava com a tia e com a avó e assim encontrava meu pai e falava daquilo que era possível com ele: ele era um grande eletrotécnico: sabia consertar todos os rádios e as primeiras televisões... Falava tanto com minha irmã, que se ressentiu muitíssimo, sobretudo no momento da sua morte, pelo clima de tensão e de brigas que ocorreram entre nós e os parentes devido a questões legais da herança"*. Fala por isso do notável tema que frequentemente Bárbara repete com relação aos parentes, que acusa de terem tomado a propriedade (um apartamento no centro de Milão) por engano, pois que parece que o pai tinha registrado para eles. O tema do dano patrimonial encontra então uma validade histórica.

Romper ou sustentar a simbiose?

No prosseguimento do tratamento é esta a pergunta que começamos a nos fazer: é útil apoiar a continuidade de uma relação assim simbiótica, que certamente permitiu a esses irmãos sobreviverem até o presente, mas que é também manipuladora e ambivalente para ambos, paralisando-os em um fechamento de mundo e sobretudo em um bloqueio das possibilidades que permitem a emersão das partes sãs e núcleos extrapsicóticos que sobrevivem seguramente neles? À luz do andamento positivo e da internação do irmão e também de Bárbara, parece-nos possível projetar um gradual distanciamento da Comunidade, encaminhado Eduardo para casa e monitorando-o com consultas ambulatoriais e domiciliares. Vista também em Bárbara a sua boa integração interpessoal na Comunidade, formulamos para ela um retorno para casa em tempos mais distanciados, monitorando com serviço ambulatorial os elementos críticos da convivência para evitar o restabelecimento da condição de pré-internação. É interessante notar que ambos reconhecem necessário um período de distância entre eles, vivendo a nossa função como aquela de pessoas de confiança que querem ajudá-los a alcançar uma qualidade de vida e de experiência humana decididamente melhor daquela vivida nos últimos anos.

A loucura do pai

Mas por trás da história deles, talvez como fundamento dessa loucura, está a loucura "original" e também tão "misteriosa" – a do pai, do qual pouco nos souberam dizer, senão que esteve internado um longo tempo no Hospital Psiquiátrico e que no domingo iam encontrá-lo. *"Papai teve um trauma de guerra e por isso ficou mal..."* Fomos procurar a velha ficha do pai e descobrimos na sua loucura conteúdos e modalidades expressivas e sugestivas que remetiam à loucura dos filhos. O pai nasce em 1919; forma-se como radiotécnico, trabalha como operador de rádio na aviação e transcorre toda a guerra (de 1939 a 1945) empregado como operador de rádio nos aviões militares. Em 1947 se casa, em 1948 nasce Bárbara e sucessivamente, em 1952, Eduardo. Trabalha como operário até 1953, e então se aposenta. Em 1950, começam os sintomas graves, delirantes e alucinatórios, pelos quais é internado primeiramente na Unidade de "Neurodelírios" para agudos, mas depois de todos os possíveis tratamentos da época (três anos de terapia eletroconvulsivante e comas insulínicos), não obtendo nenhuma melhora, é definitivamente "internado" no Hospital Psiquiátrico Regional com uma internação definitiva em 1953, com o diagnóstico de *esquizofrenia paranóide*: aqui permanece ininterruptamente até 1962, quando "teve alta e foi ficar com a irmã". Sabemos que morreu em 1975, e daqueles anos conseguimos reconstruir muito pouco; seguramente se deu uma contestação diante de tantas denúncias feitas pela esposa ao Diretor do HP por causa das altas tidas como "inapropriadas". Na ficha, vem assinalado que a esposa perdeu qualquer contato com o cônjuge que era seguido e visitado apenas pela mãe e por uma irmã pela qual justamente foi acolhido em 1962. Em 1964, foi solicitada uma interdição por parte da esposa, mas desde então até 1975 a reconstrução da história aconteceu apenas pelo relato nos passado pelos filhos nesses meses. Voltando à patologia do pai, é reportada uma "tentativa de suicídio por defenestramento[41] (não alcançado, foi detido)" em 1950, na base da primeira internação durante a qual, além disso, emergem subitamente os elementos delirantes. Foi assinalado um *trauma de guerra* ("aterrissagem sem trem de pouso"), mas os elementos dominantes do quadro eram a presença de falsos reconhecimentos ("troca as pessoas por ex-companheiros de guerra"), experiências complexas alucinatórias sinestésicas (*"eu estou todo reconstruído, cabeça e pescoço, ajuntado por vários pedaços corporais, também de corpo feminino... sou um frequencímentro feito de contatos magnéticos e condensadores"*), delírio de grandeza (*eu sou o rei Humberto de Savoia... devo retirar 50 milhões de pensão atrasados como tenente piloto de guerra que minha mãe me tirou*) imerso em um halo de alterada relação com a realidade, capaz de se colocar um diagnóstico de "síndrome confusional" à entrada. Em 1954 é submetido à "operação de leucotomia transorbi-

---

[41] Ato ou efeito de jogar algo ou alguém pela janela. (N.T.)

tária bilateral, método Fiambert"... sem obviamente qualquer benefício ou modificação do quadro clínico.

Necessidade ou destino: transmissão genética ou afetiva da loucura?

Sobre essa pergunta se joga claramente a posição de fundo que inspira as diversas psiquiatrias e as diversas escolas de pensamento[42]. É mais determinante no desenvolvimento de um equilíbrio mental em uma criança (uma relação realmente harmônica e finalista) a cumplicidade e a vida compartilhada junto à permeabilidade contínua nas relações afetivas que modulam dia a dia a identidade, o conhecimento e a vida afetiva, do que os fatores antecedentes genéticos em sentido restrito. Difícil excluir as influências devido às dinâmicas psicológicas, às atmosferas, ao clima afetivo-relacional respirado em uma casa, em um núcleo afetivo no qual um membro seja tocado pela experiência psicótica, sobretudo quando se trata de uma experiência delirante e alucinatória tão florida como no caso desse pai[43]. Chama a atenção, não obstante, o distanciamento do pai operado institucionalmente, que a forma e conteúdos dos delírios dos dois irmãos sejam por muitos aspectos sobrepostos àqueles: o delírio de grandeza por exemplo. Bárbara está convencida de que possui milhares de euros, uma herança que, apesar do assédio dos parentes, preservara, assim como o pai estava convencido de ter uma ele também e de ser o Rei Humberto de Savoia; a relação com o mundo da eletrotécnica, tão bizarra para o pai, marca as modalidades com as quais Eduardo faz a sua entrada no surto que, como o do pai, é de tipo confusional. Quiçá se, então, em vez de terapias de choque e métodos de custódia ao limite do desumano ou intervenções de psicocirurgia, tivesse sido possível utilizar psicofármacos

---

[42] BORGNA, E. *I conflitti del conoscere*. Strutture ed esperienza della follia. Milão: Feltrinelli, 1988.

[43] LAING, R. D. *Normalità e follia nella famiglia*. Torino: Einaudi, 1970.

junto às atuais modalidades relacionais, cuidadosas e reabilitadoras que uma psiquiatria que queira definir-se humana utiliza... possivelmente o pai também teria tido outra evolução, outro destino.

As mortes voluntárias de Paulo e Franco

O suicídio: fracasso terapêutico ou mistério antropológico?

O suicídio representa certamente a evolução mais trágica na qual se pode precipitar uma experiência psicopatológica; também se mostra um tanto simplista e redutivo tomar o gesto autolesivo no âmbito de uma modalidade de vida "patológica" e interpretá-lo como sintoma de uma ou outra experiência psicótica. Emblemáticas nos parecem por tal ótica as palavras de K. Jaspers[44] quando analisa a razão de ser do suicídio em uma perspectiva fenomenológica:

> quem de perto fez parte diretamente do drama de um suicídio, se dotou de algum sentido de humanidade e é um pouco inclinado a ver com clareza as coisas da alma, perceberá que no fato necessita reconhecer que não existe um único motivo que possa por si apenas explicar o acontecimento. No final das contas permanece sempre um mistério.

Não é possível nem correto confrontar e resolver o problema do suicídio no contexto de uma articulação clínica que o reduza exclusivamente à área da psicopatologia. Essa tese é compartilhada também por Ludwig Binswanger[45], que considera o suicídio um evento fatal no qual a existência do paciente encontra a sua última significação. É esse um discurso que não fica confinado no âmbito puramente teórico, mas interpela cada psiquiatra na praxe cotidiana, retomando dramaticamente o dilema da morte voluntária.

---

[44] JASPERS, K. *Psicopatologia Generale*. Roma: Il Pensiero Scientifico Editore, 1992.
[45] BISWANGER, L. *Il caso Ellen West Ed altri saggi*. Milão: Bompiani, 1973.

Uma documentação

Partindo dessas premissas hermenêuticas, desenvolvemos uma investigação clínico-descritiva sobre pacientes falecidos por morte voluntária, que foram internados pelo menos uma vez no nosso Unidade desde a sua abertura, ocorrida em 1978, até o final de 1993. A amostra é seguramente subestimada porque é relativa às mortes dos pacientes que mantiveram contato com o serviço. Pela análise clínico-descritiva, nosso interesse focou-se posteriormente sobre a "história de vida" dos pacientes que escolheram a atitude suicida como marca final da própria existência. Em particular, dois casos nos tocaram pela sua paradigmaticidade e pela sua emblematicidade: a reconstrução da "história de vida" dos dois pacientes, a complexidade e a tortuosidade dos seus percursos existenciais induzem a rejeitar qualquer interpretação reducionista do suicídio concebido unicamente como sintoma no plano psicopatológico, "desvio com relação a uma norma", enquanto abrem a atitude suicida a uma perspectiva hermenêutica mais ampla, marcada pelo "mistério antropológico" no sentido empregado por Kurt Schneider[46], que conduz o indivíduo à anulação das escassas possibilidades existenciais.

As amostras de pacientes suicidas é constituída por 51 sujeitos (subdivididos por diagnósticos). Os percentuais mais elevados de morte voluntária são registrados no grupo das depressões maiores (29,4%) seguido daquele dos pacientes esquizofrênicos (27,5%) e, em seguida, pelo grupo de pacientes neuróticos (21,6%). Os outros grupos diagnosticados são menos representativos. Nossa atenção, por isso, focou-se nos pacientes afetados pela psicose (depressiva e dissociativa), pelos quais consideraram ulteriores variáveis, quais sejam: presença de precedentes condutas autodestrutivas, anamneses familiares positivas por

---

[46] SCHNEIDER, K. *Psicopatologia Clinica*. Roma: Città Nuova, 1983.

distúrbio psíquico, estado civil e ocupacional, modalidade com a qual foi realizado o gesto autolesivo.

A maior parte dos casos com diagnósticos de "transtorno depressivo maior" (DSM-IV) trata de pessoas que vivem numa condição de solidão existencial e afetiva. A variável relativa ao estado profissional aparece, pelo contrário, com pequena relevância, sendo quase igualmente distribuídos os casos de atividade laboral (48%) e de não ocupação (52%). Com relação às modalidades de prática da atitude autolesiva, trata-se, na maior parte, dos casos de precipitação (33%), afogamento (27%) e enforcamento (20%), enquanto apenas um pequeno número de pacientes atuaram de maneiras mais cruéis, como suicídio com arma de corte (6%), inalação de monóxido de carbono (6%) e graves queimaduras (6%). Significativo o fato de que não foram encontrados casos de suicídio mediante ingestões abusivas de fármacos, modalidade prevalentemente utilizada pelos mesmos pacientes em suas precedentes tentativas de suicídio (33%).

Com relação aos pacientes esquizofrênicos levados em consideração na amostra, mais reduzido aparece o percentual de suicídio que se verificou em 14 dos 34 pacientes observados: a idade média no momento do falecimento é 36 anos (M=34; F=38). Também nesse grupo, a presença de precedentes atitudes suicidas é particularmente alta (71%). Contrariamente ao que foi levantado nos pacientes depressivos, nesse grupo se observa um alto percentual (28%) de casos em famílias que apresentam distúrbio psíquico. Também nesse caso, trata-se de pessoas que viveram em condição de solidão existencial e afetiva. O dado relativo ao estado profissional evidencia que, com relação aos pacientes depressivos, o nível ocupacional dos esquizofrênicos é de maior relevância. Com relação às modalidades de prática da atitude suicida, a defenestração resulta ser aquela mais praticada, seja nos grupos dos esquizofrênicos (cinco casos), seja entre os depressivos endógenos (igualmente cinco casos); os suicídios por afogamento prevalecem nos depressivos (quatro casos contra dois casos nos esquizofrênicos). Outra modalidade de prática de atitude autolesiva frequentemente encontrada é o enforcamento (três casos entre os depressivos endógenos; dois entre os esquizofrênicos). Os casos remanescentes contemplam atitudes autolesivas praticadas com modalidades mais cruéis, tais como ingestão de cáusticos, precipitação e arma de fogo.

O suicídio na depressão e esquizofrenia

Entre os critérios de seleção das amostras havia o da continuidade terapêutica. Embora tanto os pacientes depressivos quanto os esquizofrênicos fossem acompanhados farmacológica e terapeuticamente, a atitude suicida parece emergir na existência do psicótico com dramático determinismo que ultrapassa qualquer possibilidade de intervenção terapêutica: é ainda possível documentar diversos níveis de risco suicida em relação às diferentes fases da experiência psicótica. Em particular com relação à experiência depressiva, o risco é mais elevado se há uma coincidência com as fases de emersão e de desaparecimento da sintomatologia depressiva; em primeiro lugar, quando a experiência depressiva atinge o seu grau máximo de culminância, a inibição psicomotora impede a emersão de uma eventual vontade ou pulsão antipreservadora: nas fases iniciais e terminais do episódio depressivo, o sintoma "tristeza" predomina sobre o sintoma inibição, expondo o paciente ao risco da morte voluntária. Além disso, podem ser os mesmos fármacos (em nossa experiência, temos utilizado fármacos antidepressivos tricíclicos administrados segundo esquemas propostos por Kielholz[47]) a provocar essa separação entre "inibição" (bloqueio psicomotor) e "timia" (tristeza vital ou psíquica no sentido scheleriano): a ação farmacológica dos antidepressivos de fato tende a desenvolver-se mais rápida e

---

[47] KIELHOLZ, P. *Diagnósticos e terapia das depressões.*Torino: Minerva Médica, 1968.

mais profundamente no componente inibidor, e naquele de ansiedade presente no quadro clínico, muito menos naquele que é o componente do pensamento como tristeza, como *taedium vitae*[48]. O fármaco supera a condição de bloqueio de inibição e mantém viva, ao contrário, a condição de tristeza e oferece à tristeza um meio, os instrumentos para mover-se, organizar-se, promover um comportamento antipreservador. Enquanto na depressão endógena é possível, todavia, prever as fases de maior risco, na experiência esquizofrênica a conduta antipreservadora foge à qualquer previsão. Dificilmente na esquizofrenia o suicídio se dá quando o episódio esquizofrênico está em sua plena florescência: no curso de uma experiência dissociativa aguda, o suicídio, mesmo sendo uma eventualidade possível, é, de qualquer maneira, uma experiência manifestada, expressa pelo paciente, e por isso de alguma maneira controlável. Torna-se não mais controlável quando, então, o suicídio, como acontece mais frequentemente, é verificado nas esquizofrenias tratadas que tenham perdido a sua conotação patológica. O suicídio esquizofrênico se manifesta, em geral, quando o paciente readquire a sua condição de equilíbrio psicológico, porque não é possível para o paciente anular a experiência do sofrimento atravessado, e o indivíduo está, de qualquer maneira, angustiado pela ideia de que a experiência psicótica por ele vivida possa se repetir (infelizmente sobre a esquizofrenia pesa esse destino singular ligado ao radical peso semântico do termo, pelo qual realizar um diagnóstico de esquizofrenia diante de um paciente pode lhe parecer uma condenação mortal). O suicídio que nasce na esquizofrenia é um suicídio que se fundamenta na presença de um sentimento depressivo, de uma tristeza psíquico-psicológica no sentido usado por Scheler[49]; de uma tristeza, isto é, psicologicamente "compreensível", de

---

[48] O tédio da vida. (N.T.)

[49] SCHELER, M. *O formalismo na ética*. Milão: San Paolo, 1996.

uma tristeza reativa que não tem nada a ver com a tristeza psicótica que se tem na depressão (uma tristeza endógena, vital).

O paciente esquizofrênico que superou a fase de surto se suicida não por causa de um estado de ânimo depressivo psicótico, mas por causa de uma tristeza psicológica compreensível, reativa e motivada. Por outro lado, também um certo tipo de tratamento psicofarmacológico (sobretudo dosagens excessivamente elevadas e administração indiscriminada de psicofármacos *de depósito*) pode contribuir para o surgimento de um estado de ânimo caracterizado pela tristeza, tédio, esvaziamento afetivo: um tratamento neuroléptico definido pela radical decapitação da sintomatologia delirante e alucinatória pode fazer o paciente se precipitar numa aridez emocional, e numa redução de ideias capaz de impedir qualquer residual possibilidade de comunicação. A decapitação iatrogênica deste mundo "outro", mas de qualquer maneira carregado pelo paciente de significados e de lembranças afetivas, exaspera a profunda nostalgia da comunicação intersubjetiva típica do esquizofrênico e o coloca em relação direta com uma realidade extrapsicótica vivida como estranha ao próprio mundo psicótico e, por isso, a ele hostil e ameaçadora: a atitude suicida se configura, então, como a última possibilidade de fuga da existência, como extrema procura de um lugarejo, de uma pátria na qual finalmente viver.

A história de Paulo

Aos 28 anos o paciente tem o seu primeiro contato com o nosso serviço por meio de uma internação involuntária. Naquela época, ele trabalhava como almoxarife, tendo interrompido os estudos No terceiro ano de universidade (faculdade de matemática), tinha dois anos de casado, e a mulher estava esperando o primeiro filho. O quadro psicopatológico de origem era caracterizado por um delírio florido com ideação delirante de conteúdo messiânico: *"Escavei o muro do Hos-*

pital Psiquiátrico porque os chamados loucos devem ser liberados... todos devem ter possibilidade de pensamento livre". Naquela circunstância, efetivamente o paciente foi acompanhado ao pronto-socorro depois de ter escavado o muro ao redor do hospital psiquiátrico. O emprego político representava para o paciente momento fundamental da própria história e constituía uma das motivações que o tinham induzido a abandonar os estudos para se ocupar ativamente de questões sindicais como proletário militante; a adesão a esses modelos ideológicos estava na origem de situações conflitivas que o paciente vivia dentro do próprio contexto familiar e social. Mais que uma definida doutrina política, Paulo estava profundamente convencido da absoluta falta de pensamento livre e de livre arbítrio no qual se dirige a condição humana, se reencontrando, por isso, em uma condição determinista da existência do individuo, que ele mesmo definia como *"homem biônico"*. Tudo isso num território cultural e histórico, nas fases de expansividade maniforme se tornava um delírio aparentemente sem significado, pleno de referências salvadoras das quais o paciente se sentia investido para poder *"melhorar com tudo de qualquer maneira, pelo menos no plano da solidariedade, a triste condição humana"*. Sempre nas fases de surto, assistia-se à ruptura da linguagem com associações do pensamento bizarras, frequentemente organizadas em modelos de tipo matemático combinatório (que o paciente do ponto de vista teórico conhecia muito bem). Existia nele, além disso, um conflito em nível da própria identidade pessoal, uma insegurança e uma ambivalência afetiva com relação às figuras parentais que o levavam a duvidar das próprias reais origens, indagando sobre possíveis *"interrogatórios"* aos quais ele afirmava ter estado submetido: assim, o paciente definia as consultas à neuropsiquiatria infantil, como também as consultas de idoneidade laboral realizadas em idade escolar. O problema inerente à própria identidade e ao próprio nome encontram fundamento na história familiar do paciente: o pai, de origem istriana, tinha se refugiado na Itália trocando, "italianizando" o próprio sobrenome. A aquisição da própria identidade personalista foi profundamente minada pelo iminente nascimento do primeiro filho, agora que Paulo encontrava em si *"o drama do nascimento"* e da incerteza da própria origem, junto à culpa que vivia de ser responsável por gerar um novo sofrimento. Desde 1980 a 1993, efetuou numerosas internações na Unidade, sendo duas involuntárias. Foi seguido em tratamento psicoterapêutico de orientação analítica somado à administração de neurolépticos de 1980 a 1985; depois de uma séria tentativa de suicídio ocorrida em 1986, foi seguido com uma terapia de apoio e de tipo psicofarmacológica com consultas quinzenais.

Em todos estes anos, ele manteve o lugar de trabalho, todavia sofrendo uma progressiva degradação das próprias incumbências (de vendedor a almoxarife), assim como manteve uma ligação afetiva estável com o nascimento de outros dois filhos. Do ponto de vista psicopatológico, assiste-se, neste período da vida do paciente, a uma série de descompensações delirantes, maniformes, às quais se seguiam, sobretudo nos últimos anos, episódios caracterizados pela profunda depressão pós-crítica, culminada no episódio da tentativa de suicídio em 1986 e no suicídio ocorrido em fevereiro de 1994. Em 1986, o paciente havia efetuado uma anormal ingestão de atropina, na sequência à qual foi internado por quarenta dias em nossa Unidade. Assim Paulo motivava a atitude autolesiva de 1986: *"queria que acabasse o tédio da rotina cotidiana. Desde quando vivo, sou colocado de frente a problemas maiores do que eu, os quais não sei resolver: por isso procurei morrer; é como um interruptor a ser desligado".*

Depois de cerca de um ano e meio, reentrou em nossa Unidade com um quadro de excitação que se resolveu depois de um mês de internação. Depois de dois anos, efetuou uma internação em regime involuntário: a exigência de tal tratamento se justificava pelas bizarrices comportamentais perturbadoras dos vizinhos de casa (volume altíssimo do rádio, discussões que ele fazia em alta voz, suscetibilidade desesperada com relação aos colegas de trabalho). Naquela circunstância, não obstante o nível do humor apresentado pela aparente euforia, era possível captar constantemente presente a ideia da morte: *"existe uma parte de mim que quer morrer e está constantemente em luta com aquela que quer viver, não sei qual vencerá".* Também o contínuo referir-se nas sessões a argumentos de caráter geral de política nacional e internacional apareciam como uma fuga da esfera pessoal e privada, com a negação de qualquer conflito afetivo e relacional com a família. Desde então, o paciente efetuou uma internação a cada ano principalmente a seu pedido: *"Aqui estou melhor, posso refletir sobre o meu passado: tinha associações rápidas e um medo terrível que o mundo poderia acabar... a minha preocupação era me manter próximo a Deus para não perder-me... não sou o messias e não deveria salvar ninguém, só tinha a sensação que Deus tinha me abandonado".* Em outra internação Paulo afirma: *"Sou um fracassado... finjo trabalhar, mas roubo o meu salário... não sou digno de viver".* Passava dias inteiros no próprio quarto, recusando gentilmente qualquer proposta de diálogo para melhorar, mesmo depois de poucos dias. Também nas internações sucessivas prosseguiram esses "balanços" falidos da própria existência, sem mais pulsões delirantes maniformes. A última internação aconteceu poucos meses antes do suicídio, com uma sintomatologia análoga àquela já descrita, relativa aos últimos anos. O paciente manteve sempre contatos regulares e uma válida relação com o terapeuta, assim como sempre tomou os seus fármacos neurolépticos, cuja dosagem vinha modulada segundo o quadro psicopatológico apresentado. Paulo faleceu na idade de 44 anos: o suicídio aconteceu mediante inalação do gás de descarga de seu automóvel na garagem da própria casa.

"Melhorar" não basta para viver

Toca nesta história humana a evidente separação entre o êxito trágico, do fracasso do qual o paciente foi de encontro, e o otimismo sugerido pelos parâmetros clínicos (melhora social) e reabilitadores aos quais o paciente parecia responder. Uma simples avaliação "clínico-descritiva" conduz à inserção do caso acima em uma síndrome dissociativa caracterizada por fases de agravamento seguida por longos períodos de bem-estar, por discreto nível de integração social, por uma boa aderência ao nível familiar e por uma boa cumplicidade terapêutica (psicoterapêutica e farmacoterapêutica). Nada podia, por esse ponto de vista, fazer pensar na possibilidade de um comportamento antipreservador. Essas considerações são evidentemente redutivas e simplistas: infelizmente, todavia, representam o modo mais comum em que, no estado atual, a psiquiatria "pensa" e "age". A rígida reconstrução anamnésica (daquilo que foi, daquilo que é, até à previsão "delirante" daquilo que será), a atribuição nosográfica, a formulação do "projeto terapêutico" teriam a pretensão de exaurir o conhecimento do caso clínico, escotomizando[50] a insondabilidade do drama que cada existência humana leva consigo e não conseguindo captar os inesperados recursos que cada paciente pode projetar, fechando possibilidades e perspectivas diversas daquelas rigidamente programadas pelo Serviço.

Abrir-se a estas novas escansões a fim de permitir reler e reinterpretar a história de vida de Paulo numa nova luz: toda sua existência, desde a própria infância, é marcada pelo contínuo, extenuante tentativa de rebelião ao determinismo e ao mecanismo que regula cada relação humana, até condicionar cada gesto cotidiano do indivíduo, em uma contínua oscilação entre a adesão passiva a este modelo determinista e o desejo de liberdade. A atitude suicida se configura como a marca final da vida de Paulo, como um extremo grito de liberdade, a última tentativa de fazer emergir um elemento de novidade em uma sequência predeterminada de eventos.

---

[50] Em psicopatologia e em psicanálise, escotomização é a recusa inconsciente de perceber uma realidade exterior independente do indivíduo, mas sobre a qual ele projeta desejos e fantasmas subjetivos, dos quais ele próprio se defende. (N.T.)

Uma outra história: a de Franco

Franco chega à observação do nosso serviço com 31 anos. Há seis anos é engenheiro mecânico no setor de pesquisa e experimentação de uma importante fábrica automobilística italiana. Primogênito, com duas irmãs já casadas, vive em família com a mãe, ex-professora elementar, e com o pai, perito mecânico, proprietário de uma indústria mecânica na qual ele também tinha trabalhado por alguns meses. Os primeiros transtornos foram evocados pela mãe em setembro de 1990 (seis/sete meses antes da internação na nossa Unidade, data também do primeiro contato com o serviço psiquiátrico). Naquela época, Franco começou a ser *"tenso, nervoso, insatisfeito com o trabalho..."*; nos dizia que frequentemente não conseguia comer, *"tanta era a tensão"*.

A personalidade

Sobre a história precedente de Franco, sabemos bem pouco: ele vem descrito pela mãe como *"taciturno, introvertido, muito só"*. Na realidade, até os tempos do liceu parece ter mantido uma ainda que mínima vida de relação, de encontros interpessoais, manifestando também interesses esportivos e obtendo boas afirmações mesmo neste campo. No plano relacional, Franco sempre apresentou uma vida afetiva muito pobre, com dificuldade nas relações interpessoais pela introversão e pela timidez do seu caráter. Ele mesmo reconhece de ter tido sempre problemas com as garotas e nunca teve uma relação estável, recorrendo, nas fases de surto, a imagens idealizadas de uma companheira de estudos do liceu, Laura. Com o início da vida universitária e por toda adoração desta, Franco apresentou um total fechamento e a perda de qualquer encontro interpessoal: transcorria muito tempo imerso no estudo e depois no trabalho que desenvolvia na mesma cidade.

O trabalho

Nos primeiros anos de trabalho, a atividade profissional o empenhava de quatorze a dezesseis horas por dia; nos finais de semana voltava para casa, ocupando seu tempo livre no computador ou aperfeiçoando pesquisas inerentes aos aspectos teóricos da engenharia mecânica. Franco, na realidade, esperava um reconhecimento das próprias capacidades por parte dos dirigentes que, pelo contrário, procrastinavam sua promoção profissional. Uns meses precedentes à primeira internação, aquilo que domina em Franco é a vivência de raiva junto a uma desilusão, até a certeza de se sentir *"explorado"* na atividade laboral pelos superiores, aos quais escreve uma carta "ardente" na qual expõe as sua reivindicações. Esse gesto aparece em evidente desacordo com o caráter submisso de Franco e representa, possivelmente, o prelúdio do surto que ocorreria depois de poucos dias.

Uma família de gênios-loucos

A anamnese da família de Franco se revela um tanto original e atípica, distinta das gerações passadas, mas também, naquelas mais recentes, pela presença de personalidades "geniais" no campo empresarial, do empreendedorismo, da ciências literárias e do jornalismo. Sobre o plano estritamente clínico, significativa é a presença de uma familiaridade por transtornos psicóticos (diversos tios paternos e maternos apresentaram transtornos, entre esses um suicida que faleceu). A mãe aparece como uma mulher cheia de vontades, enérgica, ligada ao mundo burguês de formalidade e de "fachada". A mansão de propriedade da família de Franco é de fato habitada apenas no subsolo, organizada de maneira precária, pobre, desordenada, num estridente contraste com o resto da casa que é conservada como um museu: espaço não para viver, mas para mostrar como símbolo de sucesso, riqueza e de afirmação social. O espaço destinado a Franco em sua casa é um tanto restrito, amontoado de materiais eletrônicos, de desenho gráfico, componentes mecânicos de motores. Ao lado da mansão, há um galpão construído pelo pai depois que este tinha se aposentado em concomitância a um episódio depressivo seu. Os trabalhos de construção do galpão não foram jamais concluídos por causa do atraso devido às reflexões do pai ou talvez à ausência de uma real confiança por ele vivida em relação ao filho que deveria continuar seguindo o seu caminho. O pai vive desde sempre em uma condição de submissão frente à esposa, e essa dinâmica relacional ulteriormente foi levada a extremas consequências após um episódio depressivo ocorrido dois anos antes da internação de Franco. Tinha, de qualquer maneira, alcançado uma boa posição como empreendedor, mostrando intuições criativas e originais no campo das técnicas mecânicas e projetando tecnologias avançadas, empregadas em atividades produtivas e de vanguarda das empresas artesanais e industriais da região.

A genialidade que enlouquece

Também Franco manifesta essa índole de genialidade, como também uma incomum capacidade de abstração e de teorização; todavia, esses dotes intelectuais superiores permanecem circunscritos na vida do paciente, limitados a aspectos parciais do conhecer e do viver por uma incapacidade de integrá-los e harmonizá-los no cotidiano da existência. A mesma obra paterna parece a Franco *demasiadamente simples*, ligada a um pragmatismo redutivo pouco gratificante para seus interesses que, por oposição, colocam-se sobre um plano mais teórico, orientado para a pesquisa. A vivência do pai, porquanto nos foi possível conhecer (de fato, o pai nunca veio fazer visitas ao filho durante as duas internações, apresentando-se apenas depois de um explícito pedido dos terapeutas) era aquela de um homem então *"totalmente resignado em relação a este filho agora perdido"* (talvez *"nunca tido, nem conhecido"*).

Fazem eco também as palavras da mãe: *"meu filho não sabe fazer nada sozinho, precisa sempre de mim, ele permanece sujo, não se cuida..."* . A mãe "geria" Franco em tudo e por tudo: comprava-lhe as roupas, organizava o tempo para ele, colocava-se como única possível interlocutora. Franco, de sua parte, reconhecia essa dependência, vivendo-a, porém, como conflituosa e opressiva, com um mal-estar que encontrava expressão somente nas fases de surto, no momento em que o paciente falava sem "censura" da sua controversa relação com a figura materna: *"um dos motivos pelo qual internei é a relação com a minha mãe: é asfixiante..."*. Nas fases de compensação, não falava mais nela ou aludia ironicamente a ela, agia com resignação.

O transtorno retorna

Nos meses precedentes à primeira internação, em concomitância com os conflitos criados no posto de trabalho por causa da não-promoção, Franco tinha apresentado um quadro depressivo com astenia, distúrbios somáticos, redução da ingestão de comida; consultado pelo mesmo especialista que tinha cuidado do pai, foi tratado com antidepressivos. No intervalo de pouco tempo, as condições do paciente foram mudadas a um ponto capaz de induzir os familiares a levá-lo ao Pronto Socorro do nosso hospital onde foi internado em nossa Unidade por um surto de mania. Naquela ocasião, o quadro psicopatológico era caracterizado por angústia vivíssima, desestruturação do curso do pensamento, inquietação motora, ideação delirante megalomaníaca. Durante a internação, que durou uma dezena de dias, Franco foi tratado com neurolépticos e estabilizadores do humor com remissão completa dos sintomas. Na alta, ele mesmo afirmava: *"tenho a impressão de ter saído de um íncubo; as ideias corriam tão velozmente que não conseguia controlá-las. Era como um motor desregulado"*. Após a alta, apresentou-se por algumas vezes às consultas de controle e se evidenciava uma melhora das condições psíquicas, mesmo se contemporaneamente crescia a consciência e junto o medo de precisar retornar à vida de antes: trabalhar sem gratificação e ficar sozinho por toda a semana longe de casa. A família o empurrava, na realidade, para um retorno à empresa onde trabalhava e também os dirigentes tinham solicitado o seu retorno. Incapaz de decidir e assumir as responsabilidades de uma escolha alternativa àquela da família, Franco se encontrou em uma situação de complexidade da qual saiu resignando-se às convenções dos familiares: *"se você não está em condições de voltar ao trabalho significa que está doente, depressivo"*. Assim, ele foi conduzido a um novo especialista particular que lhe prescreve novamente antidepressivos e sais de Lítio.

A segunda internação

Num período de pouco tempo – um ano e meio, aparece em nosso serviço para uma segunda internação. O quadro psicopatológico é substancialmente sobreposto àquele da internação precedente, mas enriquecido por uma nova temática delirante relativa ao interesse pela bioengenharia e pela engenharia genética: *"estou pensando em ocupar-me com a medicina e a bioengenharia para procurar um meio de retardar o envelhecimento; assim como para as máquinas, também o homem precisa trocar as peças... a troca é essencial... cansei-me da mecânica: agora é necessário que eu descubra aquilo que ninguém jamais descobriu, isto é, acabar com as doenças e pôr fim à morte para trazer à vida os mortos... para trazer à vida a minha avó, os meus cães que desapareceram assim como todas as coisas belas que tinha"*. Essas temáticas voltam com muita velocidade assim como a onda hipertímica na qual estava submerso nos primeiros dias de internação, mesmo se, na realidade, depois da alta, passam-se ainda alguns meses caracterizados pela persistência da insônia, das dificuldades de concentrar-se e de desenvolver qualquer trabalho.

A fadiga de voltar a viver

Nessa época, Franco se aposenta definitivamente da empresa e tenta de maneira inconclusiva e desorganizada colocar-se ao lado do pai na indústria da família. Passam-se muitos meses de completa inatividade, de contínua divagação pela cidade de origem, buscando por vários mecânicos ou desmanches de carrocerias e motores que, na própria oficina, desmontava: essa frenética atividade era ditada pela necessidade de aprofundar certos aspectos práticos e teóricos dos motores para poder, em seguida, conseguir escrever um livro (que lhe tinha sido encomendado por um colega engenheiro para as escolas superiores). O atraso na confecção do livro, causado pela dificuldade na concentração e pela condição de inquietação e de ansiedade que persistia nele, representava, nesse período, o *leitmotiv*[51] nos encontros com o terapeuta que tinha se tornado, no período, uma referência amigável entre os pouquíssimos conhecidos que ele tinha. No último mês, a vivência depressiva se tornou dominante na existência do paciente, a ponto de levar o pai a pedir ao médico que o seguia uma intervenção farmacológica; foram primeiramente reduzidos depois suspensos os neurolépticos e introduzido um antidepressivo. Franco dizia não ter vontade de fazer nada, de envergonhar-se e de sentir-se embaraçado diante do pensamento de sair de casa e de precisar encontrar as pessoas que o tinham visto em sua condição precedente. Na última consulta de controle, ocorrida poucos dias antes do suicídio, afirma estar *"finalmente bem: não tenho mais ansiedade e desde alguns dias descanso bem..."* O sorriso aparece depois de tanto tempo em seu rosto: um sorriso aparentemente autêntico, diferente da expressão disfórica forçadamente alegre das fases de surto. A atitude suicida se deu por meio de um enforcamento com um fio de ferro num domingo de outono, no armazém do pai, enquanto os pais tinham saído para uma festa.

---

[51] Motivo condutor ou de ligação. (N.T.)

O inferno da solidão

A experiência humana de Franco parece ser marcada por uma prevalência de interesses abstratos, dedicados à pesquisa dos aspectos teóricos do conhecer, em um percurso que conduz o indivíduo a um dramático distanciamento da realidade, a uma separação sempre mais acentuada do mundo da "obviedade" cotidiana; esse fechamento "sistólico", como definido por Borgna, dos horizontes existenciais se reflete na vida relacional e afetiva de Franco, extremamente pobre e marcada pelo complexo jogo da intersubjetividade. O fracasso do encontro interpessoal é então a raiz da ruptura da relação eu-mundo, uma ruptura que conduz Franco à incapacidade de se defrontar com as problemáticas práticas e concretas que a vida cotidiana propõe. Na história da vida do paciente, a figura materna se caracteriza pela sua ambivalência afetiva: à mãe, Franco delega qualquer decisão, não só aquelas com relação às mais banais necessidades, mas também as escolhas mais importantes, densas, de questões existenciais; a aceitação e o reconhecimento deste papel desenvolvido pela figura materna possibilitam a Franco evitar ou de qualquer maneira limitar ao mínimo o contato com a realidade cotidiana, fonte de angústia e insegurança. Por outro lado, uma figura parental assim invasiva e autoritária acaba por ser "sufocante", como o próprio paciente afirma, sobretudo em coincidência com as fases de surto. O fracasso da vida afetiva e relacional ocorre também na atividade laboral, na qual aparentemente Franco parece ter adquirido uma posição gratificante: a frustração ligada à impossibilidade de dar sequência à carreira laboral, na qual tanto tinha investido, se traduz numa ulterior ocasião de complexidade existencial. Nas fases de surto, de fato emerge a saudade pungente de relações autênticas e significativas, terminadas sempre de maneira falível ou nunca propriamente empreendidas. Sobre o plano afetivo, Franco aparece de fato totalmente incapaz de qualquer ligação, passando de um investimento exclusivamente erotizante, para o mais fantasiado, da relação homem-mulher, ao total fechamento dialógico sem modulação dos impulsos afetivos. Paradoxalmente, a tomada de consciência dessas suas dificuldades parecem se dar nas fases iniciais do surto; são esses os únicos momentos nos quais Franco verbaliza tal desconforto; mas este seu "protesto" não é nunca aceito pelo núcleo familiar, pelo qual ele deveria de qualquer maneira representar o engenheiro *"diligente e ordenado, dedicado ao trabalho e à carreira"*. O retorno às fases de normalidade representa, para Franco, o restabelecimento de uma vida enfim *"insuportável"*. O "resíduo" deixado nele pela doença constitui um distúrbio por ele *"intolerável"*: a dificuldade na *"concentração"* junto com a *"ansiedade interior"* são capazes de impedir-lhe a elaboração teórica que representa a única forma expressiva. Na existência de Franco, o suicídio se coloca como um gesto desesperado, como a única possibilidade de fugir de uma situação de um jogo complexo, enfim insustentável. As possibilidades residuais de identidade e de expressividade, a última forma de planejamento ainda aberta, eram representadas por Franco por aquele livro de engenharia mecânica, iniciado e nunca terminado: um livro que, enigmaticamente, torna-se trágica metáfora da sua vida, uma existência incompleta, um mistério aberto.

Além de Medeia: as histórias de Estefânia e de Carmem

Maternidade e sofrimento psíquico

Uma reflexão sobre o contexto cultural atual

Quantos preconceitos, quantos fantasmas nos passam pela mente quando uma mulher na gravidez apresenta uma crise depressiva, uma condição ansiosa ou mesmo um surto psicótico! Perguntas e dúvidas que desde sempre um psiquiatra deve saber confrontar com seriedade e realismo, mas que, neste momento histórico particular, são seguramente amplificadas e distorcidas. O período que estamos atravessando, de fato, é dominado pela cultura da morte que nos é oferecida pela mídia, em todos os níveis, falando-nos sempre mais frequentemente de "mães loucas" que matam seus filhos neonatos ou em tenra idade. Na realidade sobre a incidência deste fenômeno definido no âmbito criminalístico ou de psiquiatria forense "Síndrome de Medeia"[52], também os dados mais recentes não documentam um aumento nas pessoas com distúrbios psíquicos, enquanto aumentam certamente os indícios de violência na sociedade civil[53]. Apesar da contínua loucura da televisão e de todos os outros meios de comunicação ainda não se pretende compreender o quanto pode ser negativo um certo modo de referir ou de informar esses tipos de fatos. Fatos esses que, se se pretende falar mais do que de outros, é necessário saber ana-

---

[52] MASTELLA C.; COLOMBO, G. Medea: La madre che uccide, *Quaderni italiani di Psichiatria,* v. XVIII, n.1, 1999, 3-21.

[53] FORNARI, U. *Psicopatologia e Psichiatria forense.* Torino: Utet, 1989.

lisar com profundidade e então julgar, caso por caso, com consciência e ciência.

Certamente a primeira perversão está propriamente nesse uso distorcido da comunicação, feita para sustentar e fazer caminhar um povo e uma civilização, que se volta contra essa mesma gente, que vem então exposta a escândalos, a absurdos ou a perguntas abstratas que arriscam minar a concessão mesma da natureza humana, da convivência civil em suas estruturas e formas mais essenciais assim como a família e as relações primárias afetivas. Chega-se, até mesmo, a fazer pensar que certas condições (como a gravidez) contribuem ainda mais para certas formas de violência. Não é fazendo nascer dúvidas sobre tudo, mas defrontando-se com a complexidade dos problemas, buscando um sentido, uma via de saída – assim se pode sustentar uma pessoa, sobretudo nos momentos mais críticos da sua existência.

As influências negativas

Estes pensamentos, que faz tempo trago comigo, são reacendidos ainda mais dramaticamente durante o ano no qual tive, sob cuidado, diversas pacientes em período de gravidez e dentro dos seus olhos, assim como dentro dos meus e daqueles de tantos trabalhadores (sobretudo trabalhadoras [da saúde mental]) se lia a dúvida atroz: *"mas serei também eu uma possível infanticida como aquela mostrada pela televisão e pelos jornais?"* Nunca havia me acontecido de ter sido assim desgastante o acompanhamento das pacientes em terapia durante a gravidez delas. Essas mulheres das quais narrarei a história estavam ambas no final da gravidez e apresentaram em um caso um episódio depressivo, e no outro, um episódio psicótico dissociativo. Trata-se de condições psicopatológicas tratáveis e curáveis em muitos níveis e por diversos instrumentos; ademais, estas mulheres se encontram com uma família formada, tendo um marido que as ama e um trabalho digno. Contudo, não obstante esses fatores favoráveis para o prognóstico, tudo parece tramar contra esse, e colorir o futuro delas e das suas criaturas de tintas foscas e aterrorizantes. Essas questões dramáticas, às vezes angustiantes para nós trabalhadores (da saúde mental), que, antes de tudo, ficam de pano de fundo, às vezes arriscaram paralisar o trabalho, o cuidado e a assistência a essas pacientes, assim como, em outros momentos, não teriam sido nem mesmo imagináveis. Vale o exemplo usado por Luigi Giussani[54], grande educador do nosso tempo, que afirma que o homem contemporâneo antes de conseguir escalar uma parede (a parede do compromisso com a vida) deve empregar muitas das suas energias para colocar-se em sintonia, numa relação positiva com o mesmo fenômeno que é a vida em sua concepção global e nas suas questões últimas: para chegar, assim, ao início da escalada, faltando-lhe o teleférico ou outros meios facilitadores (como um contexto educativo ou cultural que lhe facilite o compromisso global com a vida), engaja-se em uma marcha de aproximação que arrisca exauri-lo ainda antes de iniciar a mesma empreitada. Essa metáfora explica bem a fadiga que nós trabalhadores (da saúde mental) tivemos para construir e caminhar numa certa direção, contra a corrente, afirmando a esperança e a luta pela vida. Encontramo-nos devendo restaurar a razão e a esperança, remando contra a corrente e a ver que, ainda uma vez, a vida é maior do que as considerações niilistas dos filósofos em moda ou da mentalidade clínica que transparece nas estúpidas crônicas referidas pela mídia para alimentar curiosidades mórbidas que tendem apenas a automanter a cultura de morte que as produz.

---

[54] GIUSSANI, L. *Perchè la Chiesa*. Milão: Rizzoli, 2003.

A história de Estefânia

Estefânia nasce em 1968 de pais que conviveram até que ela tivesse três anos: depois da separação, nasceu uma irmã (filha de outra mãe) que, porém, morava com a nova companheira do pai e que ela encontrava domingo. Pela história que ela conta da sua família se infere que se trata de uma família muito *"burguesa e tradicionalista, atenta aos aspectos de fachada, a certos valores religiosos sobre os quais não pude nunca discutir: precisei frequentar as escolas privadas, mas eu jamais assimilei o mundo delas, eu suportei".* Estudou no instituto de comércio; empregada por muitos anos na mesma empresa, onde parece se dar bem. Um mundo relacional amigável fora da família não existe. Casou-se em 1999 com um *"homem bom, que me quer bem, que também acredita em certos valores... quer uma família grande... ele tem cinco irmãos, pais muito unidos e decididos..."*

Qual transtorno?

A primeira crise "depressiva" aconteceu depois de quatro meses de casamento: *"Sentia necessidade de voltar para os meus por um período: fiz um tratamento com um especialista"* (um tratamento farmacológico por alguns meses). Em março de 2000, tem o primeiro filho quando apresenta uma crise depressiva para a qual fez uso de antidepressivos. Em maio de 2001, apresenta-se ao ambulatório de psiquiatria, pedindo um tratamento psicoterápico que é oferecido a ela pelo psicólogo do serviço integrado com o tratamento psicofarmacológico, que continua por cerca de um mês, enquanto a psicoterapia continua até março de 2002. Em junho de 2003, apresenta-se depois de marcar hora *"porque ainda tem dificuldades com o papel de mãe".* Conta não ter desejado a gravidez, mas de tê-la levado adiante em acordo com o marido: *"Porém, eu não consigo, não tenho energias para o papel de mãe... Eu lhe pedi para deixar a criança aos cuidados de outra família, mas ele não aceita; ele certamente me ajuda e colabora comigo".* É acompanhada por cerca de três meses e a introdução do fármaco junto com a sessões de apoio faz mudar claramente seja as vivências interiores como os estados de ânimo, que de uma tristeza psíquica, mas também vital (no sentido usado por Scheler), se transforma-se em eutimia: se reduz e desaparece a apatia; retoma a iniciativa e a sintonia com o próprio mundo afetivo. No final deste tratamento, abrindo-se ainda mais ao diálogo emerge *"o distúrbio profundo de personalidade no qual estão presentes conspícuos núcleos depressivos com tendência a movimentos regressivos"*.

A recaída na segunda gravidez

Em abril de 2004, é reavaliada na urgência por modalidades um tanto discutíveis, que documentam procedimentos às vezes "desumanos" da psiquiatria de urgência praticados em certos serviços. A entrada no pronto socorro aconteceu assim: a senhora, durante a segunda gravidez, encontrava-se fazendo uma consulta ginecológica em um grande hospital da cidade onde tinha voltado porque queria dar à luz com *"epidural, sem dor, e ali tinham dito que usavam o tal sistema"*. Durante a consulta, porém, o ginecologista, talvez notando as vivências depressivas, solicitou uma consulta urgente ao psiquiatra daquele hospital. Este, depois de uma breve consulta, não encontrava caminho melhor do que convidá-la a vir à nossa Unidade (responsável pela região) solicitando um tratamento urgentemente.

A nossa oferta de cuidados

Diante de sua chegada em nossa Unidade, avaliamos acolhê-la em hospital-dia e iniciar um tratamento ambulatorial intensivo que previa duas/três consultas por semana, conjuntamente com consultas domiciliares e encontros com os familiares. Preferimos tal tratamento à internação antes de tudo, porque a senhora, com o seu núcleo familiar, viveu muito mal as condições de gestação e arriscava viver internada a

36ª semana de gravidez em ambiente psiquiátrico como ulteriormente deprimente e negativo; além do mais, pelo presente, os elementos depressivos não eram capazes de constituir uma construção delirante (de culpa ou de morte), assim como se configuram as depressões psicóticas delirantes, mas ficavam no âmbito das vivências de inadequação, de incapacidade, de qualquer maneira reativas à nova situação criada com a gravidez. A paciente nunca explicitou propósitos ativos autolesivos ou heteroagressivos. Limitava-se a dizer: *"Deveria encontrar alguém para adotar a criança..."* aludindo a possíveis soluções prático-logísticas nas quais algum outro deveria ocupar-se do bebê; certamente conseguia evocar em nós situações e cenários bem mais trágicos e sérios. Buscamos acolher seu pedido de ajuda, antes de tudo buscando a clínica ginecológica onde poderia efetuar a epidural e pedindo um acolhimento particular, tendo em vista a difícil situação. Encontramos uma colaboração muito válida que permitiu Estefânia dar à luz como desejava, sem qualquer problema.

O trabalho no contexto familiar

No período, era vista em consultas e sessões tanto pessoais quanto de casal, com a presença ativa do cônjuge e também porque, mais e mais, evidenciava-se o pedido de defrontar e resolver, de maneira definitiva, as temáticas conflituais de fundo, cobertas pela incandescência dos sintomas depressivos. Sob as brasas, restam presentes em Estefânia, ainda, os conflitos relativos à aquisição da própria identidade posta assim em crise pelas transformações também corporais que a gravidez induz, assim como as vivências regressivas de voltar a ser ela criança, em vez de se ocupar das suas crianças. A emergência do primeiro mês de cuidado foi, porém, tratar o episódio depressivo e começar uma terapia de casal baseada, por ora, apenas no envolvimento do marido, assegurando-a e oferecendo-lhe o nosso apoio. As visitas domiciliares realizadas pelos enfermeiros permitiram orientar e apoiar, além dela, também à mãe, que no momento tinha se voltado completamente para ela. Assim se assistiu a uma lenta, mas positiva, evolução com relação aos primeiros dias no quais víamos a sua passividade: inicialmente não pegava quase nunca a criança no colo e nos contava ainda seus medos e, depois de dois meses, ela nos aparece sorridente, cuida do recém nascido e voltou também a se ocupar ativamente do primeiro filho. Agora resta a possibilidade de efetuar um trabalho mais profundo para consigo, sobre a relação a dois, que aparece como a estrada para um confronto radical e resolutivo da sua condição de sofrimento psíquico.

A história de Carmem

Carmem nasce em 1974 em uma família composta pelos dois genitores, três irmãos maiores e as duas "gemeazinhas" homozigóticas. Ser gêmea parece ter determinado de maneira profunda toda a vida das duas irmãs no interior de um núcleo familiar que, sobretudo com a figura da mãe, apresenta-se muito compacto, capaz de unir e de gerir no seu interior todas as problemáticas possíveis surgidas de quando em vez na família. Ficamos também sabendo pela mãe que as gêmeas apresentaram, desde os primeiros anos de vida, problemáticas significativas: antes de tudo, precisaram ser transfundidas devido à incompatibilidade feto-fetal e depois quando apresentaram atrasos e distúrbios na linguagem: *"nos dirigimos a um centro especializado que inicialmente pensava num distúrbio afásico, depois falaram de dislexia, e depois nos disseram que teriam tido mais necessidade de tempo do que os outros para a aprendizagem, mas que recuperariam"*. Não temos à disposição a documentação escrita, ficamos com aquilo que, de maneira apropriada, a mãe noticia. As irmãs, de qualquer maneira, repetem tanto a segunda série do ensino fundamental quanto a primeira série do ensino médio. A mãe nos confirma que a lentidão e as dificuldades na aprendizagem foram melhorando, assim como os distúrbios disléxicos, com o passar dos anos, mesmo nunca tendo recebido um tratamento específico: era a mãe que se conduzia por uma profissional de psicomotricidade que lhe explicava como ensinar melhor as filhas a ler. *"Decidimos também inscrevê-las no segundo grau, que nunca foi concluído, por uma das duas ter entrado em crise"*. Trata-se da irmã gêmea de Carmem que, na ocasião da prova de conclusão do ensino médio, *"bloqueou-se e não falava mais: por isso entrou em crise e não conseguiu o diploma; pelo contrário, Carmem conseguiu"*. Porém, depois de alguns anos, em 1995, ainda a irmã, por ocasião das vivências ligadas ao exame para conseguir a carteira de motorista, apresenta uma nova crise e desta vez é também internada em nossa Unidade por alguns dias, devido a um quadro de psicose reativa breve. Chamo atenção de um episódio curioso e indicativo das dinâmicas relacionais existentes entre as duas gêmeas: vistas as dificuldades da irmã em se apresentar no local do exame, Carmem realizou a prova, fazendo-se passar pela irmã. Deste episódio, derivaram as complicações que precipitara a internação de então. Pela ficha clínica da internação da gêmea, confirma-se o referido: não foi mais acompanhada, e o quadro parecia retornar depois de então. Carmem frequenta por isso as mesmas escolas da irmã e permanece em família até 2001, época na qual se casa e vai morar com o marido em outra cidade. Trabalhando na cidade onde vive a sua família de origem, sempre almoça com os pais. É seu desejo encontrar uma casa perto dos parentes e talvez *"levar para a casa com ele também a irmã"*. Nós a conhecemos por ocasião do surto ocorrido em maio de 2004, quando se encontrava no sétimo mês de gravidez.

A história clínica precedente

O primeiro contato com a psiquiatria aconteceu em 1997 quando Carmem havia efetuado uma tentativa de suicídio com ingestão de ácidos cáusticos ocasionada por uma ruptura sentimental. A internação

O homem da morte impossível e outras histórias

durou ainda alguns dias, durante os quais é submetida a testes avaliativos (que evidencia uma deficiência mental de médio porte) e teve alta com diagnóstico de "depressão reativa". A motivação que levou à avaliação psicodiagnóstica com um teste psicométrico que avalia as capacidades intelectivas parece fundamentar-se na impressão de certa pobreza de personalidade e cognitiva, que emergiu no curto período de internação e foi confirmada pelo mesmo exame. Naquele período, Carmem estava ligada a um rapaz *que não era adaptado a mim: em um momento de crise, fiz aquela besteira de beber água sanitária".* Assim contam tanto ela quanto os familiares. Foi seguida ambulatorialmente de fevereiro a julho de 1998, tratada com associação de antidepressivos e neurolépticos de baixa dosagem; por isso, apenas com um ansiolítico por cerca de um ano. As temáticas emergidas tinham a ver com a dificuldade em se realizar nos ambientes de trabalho devido a certa interpretação e suspeita que a constrangiam a mudar frequentemente de local de trabalho; junto se captava uma certa fragilidade de personalidade com aspectos depressivos. Não são descritos momentos particulares de crise durante o casamento com outro homem, depois de alguns anos de namoro, até no momento do novo contato, ocorrido em condições de urgência em abril de 2004.

A crise tratada por nós

A paciente é enviada com urgência pela Unidade de ginecologia onde se internou no dia anterior devido a "contrações uterinas". Está no sétimo mês de gravidez. Teve alta com *"Nifedipina Adalati com finalidade tocolítica, se transfere para a psiquiatria devido ao aparecimento de um surto psicótico".* Na entrada, apresenta-se em condições de perplexidade psicótica com imponente estado de angústia, insônia e temáticas persecutórias em uma condição de fechamento e impossibilidade ao diálogo. A condição de desequilíbrio precipitou numa semana com os sintomas mais incandescentes, mas havia se iniciado pelo menos dois meses antes e era caracterizada por preocupações que a paciente manifestava em sequência à mudança de atividade proposta para ela pelos chefes do trabalho. Estes, em consequência do estado de gravidez, tinham-lhe proposto deixar o lugar de almoxarife para se transferir para o caixa do grande supermercado no qual trabalha há cerca de um ano. Ela teria aceitado de bom grado tal proposta *"Estava bem: podia continuar ainda alguns meses a trabalhar... ao invés, comecei a ficar um pouco confusa porque me aconteceu algumas vezes de não fazer fechar as contas e assim comecei a ficar ansiosa...".* Assim nos conta no segundo, terceiro dia de internação: nos repete as palavras calmamente, como se lesse um texto, ainda absorvida e angustiada em uma condição de alerta e de vigilância de tudo aquilo que acontece em torno dela. O medo que se lê em seu rosto resiste nos primeiros dias, não obstante tivéssemos predisposto no Unidade um quarto só para ela e que estivesse sempre presente, dia e noite, um seu familiar. Além disso, o pessoal era muito alertado, como acontece nesses casos excepcionais, sobre um particular cuidado e atenção a essa jovem futura mamãe que demonstrava também muita ternura pelo seu visual doce e simpático e se apresentava como uma menininha indefesa e intimidada. Pelos familiares, aprende-se, porém, que, na realidade, as "preocupações sobre o dinheiro dos caixas" manifestavam-se como repetições numéricas e contínuas, dia e noite, sobre contas feitas, com muitas dificuldades para desviá-la de tais pensamentos até que desembocam no medo de ser presa e acusada de haver roubado o dinheiro faltante (10-15 euros!). Por isso, começou a não dormir à noite e foi acompanhada em pronto-socorro alguns dias antes da internação: buscou-se prescrever uma terapia em casa, mas a situação estava já precipitando.

Finalmente um pouco de luz

Depois dos primeiros dias de reclusão e angústia, a paciente começa a abrir-se e conta a sua dificuldade laboral, o seu medo de perder o trabalho, a casa: *"Precisamos trabalhar os dois para pagarmos a casa".* As afirmações contínuas do cônjuge, dos familiares e também nossas parecem, porém, escorrer como água em uma superfície lisa que não consegue recolher e absorver, senão por um instante, as palavras ditas. Evidencia-se, ainda, além da condição psicótica, uma extrema pobreza de personalidade e uma escassa capacidade de elaborar as vivências ditadas pelo seu presente contexto: Na verdade, toca o fato de ela não fazer nenhuma referência à gravidez e à futura maternidade, às preocupações que cada mulher se coloca em tal contexto. *"Esse menino (pelo contrário é com certeza uma menina) certamente não foi procurado, porém o desejávamos"* — são as únicas coisas que consegue verbalizar, enquanto recupera lentamente uma certa crítica sobre o *"exagero"* com o qual viveu o trabalho — *"talvez demasiadamente pesado para as minhas capacidades".*

Os impulsos regressivos da família de origem

As dinâmicas relacionais existentes no interior do núcleo familiar evidenciam um comportamento superprotetor por parte da mãe em relação às gêmeas e, em particular, com Carmem. O marido parece um pouco isolado deste contexto: é uma pessoa extremamente simples e parece muito angustiado pela situação, sobretudo parece perceber ser um pouco excluído do papel de marido... Buscamos compreender e mediar entre os dois núcleos afetivos: Carmem deixa a entender que quer estar neste período com a mãe, mas, ao mesmo tempo, fica preocupada com a sua casa, aquela do casamento... Visto que a casa da família de origem é muito grande e visto que o comportamento do marido que parece mais tranquilo de saber que a sua mulher está sendo cuidada pelos seus (também porque ele, de sua parte, é filho de pais surdos-mudos e não pode oferecer a ela muito apoio), sugerimos a disponibilização de um quarto para o casal na casa de origem de Carmem. Assim se organizam e se pode dar alta para Carmem depois de quinze dias de internação: teve alta com haloperidol com baixa dosagem em conjunto com a terapia prescrita pelos ginecologistas para a hipercontratibilidade uterina e a anemia. O programa de altas prevê consultas semanais de controle e consultas domiciliares quinzenais.

Da alta ao parto

É composta a microequipe que acompanhará Carmem e a família: toda feminina, composta de duas enfermeiras e de uma psiquiatra sob a minha supervisão, e são previstos também encontros com o resto da família. São programados contatos também com a ginecologista responsável para explicar melhor a situação de Carmem e para acompanhá-la melhor no parto. São fixadas as consultas inicialmente domiciliares, mas depois, para responsabilizar a paciente, outras consultas ambulatoriais, às quais será acompanhada pela mãe e pelo marido. Das primeiras vezes, aparece ainda muito lentificada, constrangida: diz poucas palavras, quase monossilábicas e deixa entender que está preocupada por não conseguir encarar a gravidez; deixa escapar também que pensou em realizar algumas atitudes brutas (*"beber água sanitária"*), mas falou tanto com a irmã quanto conosco e isso já é um elemento positivo. A proteção que todo o núcleo familiar lhe oferece e as afirmativas que recebe também por nós parecem ajudá-la muito; com o passar das semanas se abre um pouco mais ao diálogo, fazendo presentes as suas preocupações num plano maior de realidade; pede também que se converse com o marido para *"dar uma mão também para ele"*, mesmo se o verdadeiro motivo parece ser verificar o quanto ele está disposto a se envolver com ela e ajudá-la. Acalma-se progressivamente e também o parto parece agora menos angustiante.

Nasce a menina

Da à luz a sua menina como estabelecido, ou melhor, antecipando a data fixada pelos ginecologistas em dois dias. Realiza um parto por cesariana com epidural, colaborando sem problemas, assim como sem problemas passam-se os primeiros dias. Pede (sobretudo diante da insistência do marido) para amamentar. Decide responder positivamente sabendo que isso coincide com a suspensão da psicofarmacoterapia (uma baixa dosagem de haloperidol), mesmo com o sinal de que depois essa escolha nos pareceria inadequada e imprudente. De fato, depois de 4-5 dias, Carmem começa a se fazer taciturna, lentificada, fechada; expressa somente o medo de *"Não conseguir, de não saber de que parte começar"*, também se na realidade até aqueles dias tudo andou bem – o aleitamento, os momentos transcorridos com a filha, que entre outras coisas é belíssima e nos enternece a todos durante as consultas e os encontros que temos com ela na Unidade de obstetrícia. Com certo desagrado, convencemos Carmem a passar ao aleitamento artificial e reintroduzimos tanto o neuroléptico (haloperidol) quanto o antidepressivo. O desagrado é seguramente de Carmem, mas, sobretudo do pai e do contexto familiar que atribuem ao gesto do aleitamento significados e valores que podem culpar Carmem: assumimos cada responsabilidade da decisão e procuramos falar com o marido para que não enfatize excessivamente tal realidade, mesmo porque Carmem deve se deparar com um período *pós-parto* que poderia expô-la ao risco depressivo. A introdução da terapia de apoio restaura uma maior serenidade, um melhoramento global; Carmem e a sua menina podem ter alta e voltar para casa.

Leitura conclusiva das duas histórias

Estefânia

Para Estefânia a angústia que aflora com o nascimento de novos filhos é devido à percepção de não se sentir ainda grande e madura e de ela ter, possivelmente, ainda necessidade de alguém que cuide dela, pois é incapaz de cuidar de si. Para ela, o bloqueio depressivo representa a modalidade de fuga de uma realidade que lhe pede para ser grande e de ter a responsabilidade de gerir alguma coisa, alguém, além de si, constrangendo outros a suprir a sua incapacidade. Desses temores, não consegue falar nem mesmo com o marido senão por termos rígidos, pouco flexíveis durante a fase final da gravidez. É então que, estando assim mal, é posta no centro das atenções excessivas também ela, e não apenas aquele menino que ainda não se vê, mas que está presente a ponto de lhe mudar o corpo e a fisionomia. Ajudá-la a recuperar a sua história, a elaborar as suas vivências de abandono – este foi o trabalho de fundo depois daquele psicofarmacológico, que serve então para afrouxar o aperto angustiante e paralisante dos sintomas depressivos.

Carmem

Diferente é a leitura das possíveis motivações à base das crises de Carmem, que é lida mais pelo horizonte dos distúrbios dissociativos do que depressivos: toda a sua vida transcorreu na identificação com a irmã gêmea similar em tudo a ela (gêmeas homozigóticas): a sua identidade corpórea é assim sobreposta àquela da irmã em uma experiência que frequentemente os gêmeos nos contam como dolorosa e angustiante pela dificuldade de alcançar uma delimitação e uma autonomia de si, corpórea e mental, sem viver experiências de culpa nos limites do outro do qual, crescendo, se está separando. A transformação somática induzida pela gravidez deixou emergir essa consciência distorcida (dupla) do próprio corpo, provocando angústias de transformação e de perda do precário equilíbrio adquirido até então. Todos esses temas não são conscientes nela, mesmo se são evidentes as modalidades infantis com as quais se move, os impulsos regressivos induzidos também pelo comportamento materno e o medo de não conseguir levar uma coisa maior que ela. Todavia, ao lado desses aspectos patológicos, existem outros, a capacidade de confiar, a afeição verdadeira e profunda pelo marido, que lhe permitiram aceitar as ajudas e começar a perceber que é capaz de conseguir se tornar mãe, sem que isso perturbe muito profundamente a sua identidade.

Maternidade e sofrimento psíquico

As histórias descritas documentam que os medos tão temidos de comportamentos heteroagressivos (infanticídio) em mulheres com distúrbios psíquicos surgidos durante a gravidez são frequentemente atribuídos, mais que à condição mórbida dos quais sofrem naquele momento (que, de outro modo, pode ser tratado, assim como documentado pelas mesmas histórias), à enorme sugestão coletiva induzida pela mídia sobre a gravidez vista a grosso modo como evento traumático. Que papel desenvolveu a gravidez em determinar o desequilíbrio psíquico dessas duas pacientes? Certamente fez emergir temas e temores que seriam talvez aflorados também em outros momentos de passagem, de mudança na vida delas. Momentos críticos que cada um de nós pode encontrar e precisar encarar na própria existência e que certamente em pessoas particularmente frágeis ou sensíveis encontram expressões mais dramáticas e intensas que em outras, mas não radicalmente diferentes nos seus significados e nas suas origens. Dependendo das personalidades e das histórias, as experiências psicopatológicas se diferenciaram, portanto, de um lado (Estefânia) experiências de abandono e depressão, do outro (Carmem) distúrbios da identidade e da consciência do eu. Apenas captando as estruturas profundas, os conteúdos emotivos da vida de cada uma dessas mulheres e as dinâmicas instauradas no contexto familiar delas (que é encontrado, compreendido e ajudado no diálogo e na comunicação no seu interior) tornou-se possível predispor e atuar uma delicada, mas incisiva intervenção terapêutica, que se revelou eficaz e resolutiva da crise.

Uma história de loucura a três

As modalidades operacionais da nova psiquiatria

Prelúdio

A história das três pacientes: mãe, a primogênita e a segunda filha se inicia com a usual modalidade do relatório mais ou menos urgente (que como todos os relatórios entre serviços representam muito mais que verdadeiras urgências, sendo quase sempre tentativas, mais ou menos desajeitadas, de descarregar "batatas quentes" consequentes de inúmeras faltas de êxitos). Estamos em abril de 2001: há cerca de um ano, as tentativas de "se ocupar" da família em questão, por parte dos serviços sociais da cidade, com consultas esporádicas ao nosso ambulatório, não vão bem. Agora não se trata mais de garantir o que comer a uma família necessitada ou de dar a elas uma casa popular. Existem comportamentos demasiadamente bizarros, e sobretudo uma das filhas emagrece a olhos vistos... Será possivelmente este o elemento que nos fez decidir interná-la, a filha mais velha, mas, na realidade, poderíamos internar as três, pelo marcado comprometimento psicopatológico que emergia nas consultas domiciliares efetuadas naquele período. Por isso, depois de um ano de intervenções não bem-sucedidas, diante de uma evidência assim esmagadora (a filha que não come mais, ou possivelmente que é impedida de comer), decidimos realizar uma "mudança" decisiva e intervencionista com a qual "entraríamos" decididamente na gestão do caso.

Os antecedentes

Aquilo que encontramos em abril de 2001 é um núcleo familiar no qual a mãe, que então tem cinquenta e quatro anos, transmite, no encontro, toda a estranheza de uma mulher envelhecida precocemente: esforça-se para manter um aspecto exterior cuidado (um toque de batom de cores vivas) como uma falsa restauração iniciada e jamais terminada da fachada de uma casa barroca decrépita e decadente; a senhora controla a fadiga na presença de outro, rituais fóbicos e anancásticos complexos e, sobretudo, abriga-se detrás de uma série de reivindicações econômicas aparentemente justificáveis com as quais busca dar uma racionalização a seus discursos. A senhora trabalhava anteriormente como empregada de uma grande fábrica de automóveis da região. Tendo deixado este emprego, (*"depois do nascimento das filhas, permaneci em casa para cuidar delas"*) parece ter gerido junto com o marido um posto de gasolina, atividade que precisaram deixar por causa de problemas do marido (*"que bebia e não me ajudava"*).

Desde aquele momento, tiveram ajuda da assistência social da cidade, que procurou uma casa popular e começou a se interessar por eles. Sabemos que a senhora efetuou uma internação de poucos dias em nossa Unidade em 1996, com o diagnóstico de "reação paranoica aguda", ao qual não se seguiu nenhum contato. A segunda filha, Emília, tem vinte e um anos e talvez a ela não daremos particular atenção porque nos ateremos à primogênita, com a qual a própria mãe está preocupada. Emília nos aparece como uma moça em boas condições psicofísicas, mas o desleixo se observa também nela assim como uma estranheza em vestir-se sedutoramente. *"Ela está sempre no seu quarto, escuta música, mas logo encontrará um bom trabalho"* – este é o refrão que escutamos a mãe repetir. O pai àquela época parece desaparecido do horizonte existencial, mesmo estando sempre presente, embora como um fantasma temido pelas filhas e mantido à distância de modo ambivalente pela mãe. De qualquer maneira, está fora de casa. Existe também uma terceira irmã, que há anos abandonou a casa e convive com um homem. Não a encontraremos nunca em todos esses anos: se fez presente apenas para nos pedir para deixá-la em paz e nós respeitamos o seu pedido, que lhe permite, assim, continuar a se salvar do redemoinho da loucura familiar. Portanto, é em relação à primogênita Alessandra que decidimos começar a intervir. Ela então tem 29 anos; está ainda inscrita na faculdade de Línguas, que abandonou há pelo menos cinco anos; há mais de dois, parece viver em absoluto retiro social. Se a segunda é próspera e vistosa, esta é magérrima e pequenina; os cabelos são longos, mas grisalhos e descuidados. Encontra-se numa posição de nunca falar ou, na maioria das vezes, evita o encontro conosco em seu domicílio. Com o médico de família, buscamos sensibiliza-la para a internação, mas a recusa é clara e não nos resta outra atitude senão interná-la involuntariamente, mesmo contra a vontade da mãe que queria uma internação, sim, mas no Hospital Geral. Alessandra pesa 37 quilos.

Os jogos das partes: o minueto

Assim começa a récita das partes, com *a malvada*, que é a Doutora responsável pela Psiquiatria e que joga a sua autoridade muitas vezes em contraposição àquela da mãe, permitindo aos outros trabalhadores (do serviço mental) *"mais bondosos"* subtraírem-se ao ataque e às recriminações. Entre a Doutora e a mãe, inicia-se propriamente uma "competição" para o cuidado das filhas, primeiramente da primogênita e depois, como veremos, também da segunda. Tal competição se transformou, com o tempo, em ajuda, apoio e restituição das filhas. Na primeira fase, vem posta à parte a limitação onipotente da mãe (para todos os psicóticos com um delírio de grandeza, interlocutor digno é principalmente quem é formalmente *"respeitável"*) com a remoção *"forçada"* da filha, a convocação escrita dessa mãe na Unidade para prestar contas das graves condições de debilidade da filha. De frente a tal comportamento, a mãe começa a colaborar, ainda que mantendo verbalmente distância; apenas frente à melhora evidente da filha cederá, mas nunca consentindo verbalmente. Deveremos esperar a festa de natal do ano seguinte na cidade para vê-la sorrir e sentir nos agradecer por aquilo que tenhamos feito por sua filha. Ao lado da *Malvada*, porém, aparecem as outras várias figuras da equipe que, pelos anos, seguiram os casos. A assistente social ajudou na vertente econômica, pedindo a aposentadoria por invalidez, primeiro para uma, depois para outra filha e enfim para a própria mãe, alcançando também e obtendo uma bolsa de trabalho para a primogênita: vinha assim resolvido um dos problemas mais importantes pelo ponto de vista da mãe. As enfermeiras teceram a trama das consultas domiciliares mesmo quando precisavam esperar meia hora fora da casa antes que a mãe ou Emília abrisse, ou retornar mais vezes no período da mesma jornada. Tudo isso foi planejado com o passar do tempo, na estima, na confiança recíproca; cada um prestou cuidados às diversas pacientes sem mais problemas particulares, mas então era preciso agir de maneira integrada, atendendo à especificidade dos diversos profissionais. Distanciada Alessandra, é agora mais fácil ocupar-se da mãe e da outra filha. São também identificados os respectivos médicos de referência: um para a mãe (e até a internação será a Doutora a responsável), um para a filha Alessandra. Durante a internação e a transferência de Alessandra da Unidade à Comunidade, buscamos fazer vários ganchos com a mãe, primeiramente por convocações escritas, e por isso nos propondo a acompanhá-la à Unidade ou encontrar a filha nesse mesmo lugar.

Primeiro movimento: *"andante com brio"* para violoncelo (a mãe) e orquestra (a equipe)

A mãe

A senhora começa a vir aos encontros e, por trás do comportamento áspero e recriminatório, pode-se prever um tácito consenso; também foi importante proceder sempre com certa firmeza e com autoridade: os sinais de melhora psíquica e física de Alessandra eram capazes de nos confirmar em nossos propósitos. Acontece, então, que durante uma autorização acordada com Alessandra, depois de alguns meses de inserção na Comunidade, de passar em casa um fim de semana, exatamente nas proximidades das festas natalícias, a mãe não abre a porta para ela: Alessandra é constrangida a retornar para a Comunidade. Isso nos ofereceu uma ocasião para conscientizar a senhora das próprias atitudes patológicas e de buscar um tratamento. A posição da mãe permanece rígida e o seu comportamento é assim motivado: *"Não tinha comida em casa"*. Mas isso é negado pelo fato de que a comida foi normalmente adquirida pela manhã com o cheque da prefeitura pela senhora junto de uma enfermeira nossa que cuidava desse aspecto. Tendo descumprido completamente os pactos e visto o estado de tensão que se começava a criar em casa, também porque a outra filha iniciava aderir à causa de Alessandra, propus um período de internação à senhora que recusa decididamente. Durante aquela consulta domiciliar, a senhora perde qualquer defesa e começa a dizer ser apenas ela a *"Virgem Maria capaz de cuidar das suas filhas:"* encontramos diversos bilhetinhos espalhados pela casa com esses escritos; a casa limpíssima e protegida com armadilhas fóbicas: as cadeiras são revestidas de celofane assim como o lustre: é impossível sentar-se ou parar em um lugar da casa. Naquele contexto, a angústia da filha Emília é altíssima. Não a deixamos sozinha quando efetuamos a internação involuntária da mãe e decidimos escutar a outra irmã (aquela sã), o pai ou um tio para que se ocupem dela. A senhora é internada e, por trás da oposição verbal, na realidade se deixa acompanhar pelos guardas e por nossos trabalhadores para a Unidade onde permanece quinze dias. Nas sessões realizadas com ela na Unidade, emerge uma estruturação imaginária concentrada sobre temáticas aparentemente racionais e compartilhadas, mas que desaparecem se o diálogo se faz mais profundo no âmbito delirante: *"Certamente eu sou muito empenhada em procurar trabalho para mim, para minhas filhas: vou sempre à Prefeitura de Milão e à 'Cáritas' para finalizar a pesquisa de um trabalho ideal para categorias protegidas... Queria a Advocacia de Estado ou a Cruz Vermelha Italiana, que me protege de todo o mundo e dos vizinhos...".*

Organiza-se um encontro entre a mãe e as duas filhas: a mãe assume um comportamento diretivo e impositivo que determina em relação às filhas uma condição de ansiedade crescente, palpitante e inquietante durante a consulta inteira. Alguns dias depois na Unidade, quase espontaneamente entrega um bilhetinho com certos nomes que definem *"ligações de coração necessárias para trabalhar"*. Afirma ainda por cima ser apresentada como *"a Virgem Maria no Duomo de Milão e ter entregado ao Arcebispo uma precisa documentação"*. Além disso, alude ao menino Jesus e a uma sua possível gravidez mística... Diz também que, em 1995, seria submetida a uma rinoplastia para *"ser sempre mais bela, conforme o papel da Virgem Maria..."*. Temos assim uma ocasião para iniciar o tratamento farmacológico e nos ocuparmos especificamente dela. O pai fica se dispõe a ficar em casa com a outra filha pelo período de hospitalização da mãe, e aceitamos tal proposta porque é menos traumatizante em relação a uma internação também da filha na Unidade com a mãe e porque, tudo somado, à parte a extrema pobreza de personalidade e inteligência do pai, nos parece que entre os dois existe aquele mínimo de entendimento e de solidariedade necessária naquela situação perigosa. Após a alta, a senhora começa a aceitar de bom grado tanto as consultas domiciliares como as consultas com o seu psiquiatra cuidador, assumindo a terapia também oralmente, mesmo se um momento ainda crítico foi aquele em coincidência com a internação da segunda filha, Emilia, na Comunidade.

Segundo movimento: "allegro-vivace" para violino (Alessandra) e orquestra

Alessandra. Os primeiros passos

Voltamos então à história de Alessandra e ao conhecimento que dela e do seu mundo fizemos desde o momento da internação até o presente. Quando chegou ao Unidade, pronunciava apenas algumas palavras à baixa voz e pouco claras; podia-se intuir *"quero voltar para casa"*. Solicitados imediatamente os exames hematoquímicos de rotina, evidenciava-se um estado típico de desnutrição. Convidada para conversar, depois de uma ligeira hesitação, aceita e o impacto que se tem com ela é com um mundo cheio de fantasmas e de experiências angustiantes dificilmente identificáveis (não fala de vozes e muito menos se evidencia um delírio estruturado). É todo um mundo sem confins espaciais ou temporais a devastá-la, a impedi-la, por fim, de se exprimir claramente conosco, como uma pessoa que há anos vivia completamente isolada, distante de qualquer relação saudável. Dois dias depois da internação, começa a abrir-se ao encontro interpessoal e emerge como os "interesses" sociais em relação a si e em relação a sua família, foram vividos por ela, nos anos pregressos, em sentido persecutório: *"As pessoas da cidade e da ASL* (Empresa Sanitária Local) *deixam objetos estranhos sob a minha janela... Na casa onde moro, acontecem coisas estranhas: passa sempre muita gente em frente à porta: os meninos no parque não têm um choro autêntico, mas fingido... Todo mundo é uma grande farsa, como se fôssemos ao Big Brother: também a televisão do Unidade está condicionada... Porém agora, aqui com ela, não existe a farsa... Em casa, minha mãe não está bem: tem muitas manias... Minha irmã também é um pouco transtornada com a psique...".*

Passam-se dez dias, e ninguém vem procurá-la não obstante a solicitação feita tanto à mãe quanto a uma tia. Captamos nos encontros com ela um fio sutil de um pedido de ajuda, se não para si ao menos para sua mãe, e uma capacidade embora residual de reconhecer o outro além de si; toca-nos a gentileza dos seus jeitos de fazer. Faltam poucos dias para que a condição de retiro autístico, que parecia cristalizada e petrificada, se dissolva ao menos nos elementos mais aparentes e macroscópicos: agora Alessandra cumprimenta, olha no rosto do outro, além de si, aceita conversar sobre si e sobre sua família. Volta frequentemente ao tema: *"ajudem minha mãe, ela também precisa da sua ajuda como eu precisei"*. Certamente não é possível aprofundar ou indagar sobre a sua vida e sobre sentimentos ou estados de ânimo com os quais viveu esses últimos anos da sua existência: *"...Tinham certas dificuldades para fazer os exames, nunca estive particularmente aberta para os outros e depois em casa era necessário trabalhar..."* Com essas breves frases, sela a análise do seu passado e a justificativa do seu presente. Da mãe disse: *"Sim, ela está muito nervosa... Precisa de cuidados; está um pouco estranha, nos trata como se fôssemos crianças, como se fôssemos bonecas: comigo passava longo tempo me penteando... Era terrível"*.

Estes são os únicos momentos nos quais aparece a angústia em seu rosto e junto desta refloresce um mundo submerso feito de situações regressivas, na qual o tempo parece ter parado na infância, que reconhece como patológicas, mas das quais não sabe sair sozinha. Busca ajuda conosco. E pensamos então que, após a internação de quinze dias, é o caso de enfrentar uma fase reabilitadora, começando a pensar também no tipo específico de estrutura reabilitadora das quais teria necessidade. Com um tácito consentimento aceita, mesmo se frequentemente repete querer voltar para a casa, mas a segurança em relação o fato de que além de cuidar dela, cuidaremos também da mãe, parece funcionar como fator favorável à aceitação do percurso de cuidado proposto. E a mãe, depois de um primeiro período sumida, convocada oficialmente, então se fez vista e também veio encontrá-la na Comunidade mesmo que esporadicamente.

Demos a alta da Unidade dia 25 de junho de 2001 para acolhê-la na primeira Comunidade onde ficará até janeiro de 2002 para passar, em seguida, a uma outra Comunidade protegida de menores dimensões, do tipo apartamento protegido, da qual teve alta dia 12 de dezembro de 2003.

O caminho de Alessandra

Quem poderia imaginar a transformação que essa jovem mulher assim marcada também fisicamente pelos anos de retiro e de psicose poderia realizar num contexto, aquele da Comunidade psiquiátrica, que a acolheu tão amedrontada, solitária, descuidada com a própria pessoa, e lhe deu alta sorridente, serena, apaziguada com a própria história e com aqueles que lhe são caros, capaz de desenvolver, por fim, uma atividade laboral (ainda que meio período)? Nenhum de nós, possivelmente, no dia internação teria nem mesmo ousado pensar em nada similar. No entanto, ao longo do caminho, começou a se abrir uma brecha também nos mais céticos dentre nós sobre alguma possibilidade de melhora. É dito na realidade que uma clara transformação, sobretudo física, ficou evidente desde os primeiros dias de internação: o fato de ter sido recebida tão marcada nos limites da debilidade orgânica, e de ter recuperado peso em tão breve tempo, foi impressionante para todos; porém se dizia também *"é muito resistente o núcleo autístico; verão que a reabilitação psicossocial não lhe serve, recusará e voltará para a sua mãe"*. Pelo contrário, mês após mês, sem insistências e excessivas estimulações, Alessandra retoma o interesse pela leitura, participa dos grupos, decide definir a sua precária e ambígua situação escolar (retira-se definitivamente da Universidade) e é ajudada a viver essa passagem não como um fracasso, mas como realismo e tomada de consciência das suas reais necessidades e da sua nova condição. Inaugura uma iniciativa de trabalho "protegido", seguida pela assistente social e pelos educadores, numa cooperativa que cuida de sua reinserção no trabalho. Recordo ainda o dia em que veio me procurar, me mostrando a primeira imagem sagrada inteiramente feita por ela (trabalha em uma tipografia que se ocupa disso): o orgulho e a satisfação de ter alcançado um primeiro objetivo. Além do mais, recordo com clareza uma vigília de Natal quando, passando para saudar os hóspedes da Comunidade, ela me levou para ver o quarto que ocupava com uma outra jovem paciente da qual no período se tornou amiga. O quarto delas era muito "quente", familiar, cuidado nos detalhes com uma bela imagem sagrada russa (a sua) sobre o seu leito. Meu coração se apertou um pouco, possivelmente pela ternura que me despertaram aquelas duas jovens pacientes, ao pensar no Natal, que tinham passado ali, enquanto todos nós estaríamos em nossas casas... Mas para elas era melhor assim e elas o sabiam, e mesmo se não diziam nada, o aceitavam. Como são delicadas e calorosas certas festividades para nossos pacientes para os quais o contexto familiar com relação à vivência afetiva manifesta-se absolutamente inexistente/indiferente, ou, pior ainda, fonte de ambivalências angustiantes e dramáticas! E nós queríamos fazer de maneira que o Natal fosse transcorrido como numa família: de fato os trabalhadores (as trabalhadoras) [da saúde mental] tinham feito daquela Comunidade (nas quais estão presentes também algumas senhoras anciãs provenientes de antigos exmanicômios e que foram imediatamente envolvidas nos papéis de tias ou de avós daqueles jovens pacientes) uma verdadeira casa com decorações, ceias especiais, presentes e, sobretudo, muito calor para com os hóspedes mais jovens.

Com o passar do tempo, vistas também as melhoras da mãe e também parcialmente da irmã, começamos a repensar em um retorno ao domicílio. Programam-se idas mais frequentes à casa nos finais de semana e, avaliando em novas frentes o impacto e as vivências, vemos que as coisas prosseguem bem, sem conflitos, ou melhor, está se consolidando um núcleo são, no qual as dinâmicas relacionais começam a fluir de maneira clara e proposital. A mãe agora está, por fim, orgulhosa de Alessandra que trabalha e está bem; confronta-se, sim, com a outra irmã, porém sem particulares agravamentos. Alessandra está feliz de voltar para casa: as preocupações que tem são aquelas da mãe e referem-se à outra irmã. Sobre isso é assegurada por nós, mesmo se, na realidade, percebemos que o problema mais sério de enfrentar permanece por hora aquele de Emília.

No dia seguinte às altas, Alessandra veio me encontrar no ambulatório com a mãe: estão ambas serenas e adequadas à situação: enfrentamos, com a assistente social, problemas muito realistas e concretos, tais como a utilização autônoma, por parte de Alessandra, da sua aposentadoria, da contribuição que dará em casa. Cumprimentam-me, dizendo que decidiram que no dia de Natal irão todos juntos, também com o pai, ao restaurante: fato esse, que possivelmente acontece pela primeira vez nessa família que, tão rasgada e desfigurada pela psicose, começa, mesmo com a nossa ajuda, a retomar uma forma e uma experiência finalmente humana. Um Natal que não teria imaginado assim para ela no ano anterior, enquanto deixava a Comunidade, olhando o sol que se punha com um toque de tristeza e de ternura por aquelas "pobres moças...". Mas... *"Existem mais coisas entre o céu e a terra, Horácio, do que em toda a sua vã filosofia*[55]*".*

Terceiro Movimento, "Adágio" para Viola (Emília) e orquestra

A história inacabada de Emília

Emília tem 24 anos quando damos alta à irmã Alessandra, da Comunidade; não trabalha, nunca trabalhou; desde o final dos estudos

---

[55] SHAKESPEARE, W. *Hamlet.*

(Instituto Técnico-Comercial), vive em uma casa com a mãe; não tem amizades, não possui companhias. Espera, há anos, poder realizar uma prova nos estúdios da Rai ou Mediaset[56] uma vez que está convencida de poder ser atriz... Os anos são passados nesta espera. Nós a conhecemos alguns meses após termos começado a cuidar de sua irmã: pede uma consulta depois da atenção do médico clínico-geral que se dirige a ela, com a desculpa de compreender mais profundamente os seus sintomas: vertigens e cefaleia. Desde a primeira consulta, emerge, então que, por trás desses sintomas somáticos, escondem-se distúrbios de tipo dissociativo (*"Tenho um bloqueio do pensamento..."*), alucinatórios (*"Escuto certas vozes que me ofendem"*) e do pensamento com delírio de grandeza e erotomaníaco (*"sei que sou uma grande atriz"*). Para ir a seu encontro e iniciar uma relação, efetuamos certas verificações somáticas em regime de Hospital-Dia com exames de rotina; sobre essa base, inicia-se também um tratamento psicofarmacológico com um início de cuidado também da enfermagem, com consultas domiciliares além das consultas com o psiquiatra. Depois de cerca de um mês de terapia, está decididamente melhor, mas iniciam-se a descontinuidade dos contatos e a postergação das consultas: a intromissão da mãe é pesada mesmo se ela resiste (é ela que abre a porta para as enfermeiras depois que a mãe busca distanciá-las do domicílio). Neste período, não tinham ainda começado a cuidar da mãe. Nos encontros com ela, sobretudo naqueles da enfermagem, nos demos conta que a percepção do real que Emília tem é um tanto precária e "particular": não sabe (ou talvez não possa) reordenar e limpar a casa; a obsessividade fóbica da mãe impede de fato a qualquer um tocar, limpar ou modificar os objetos da casa; não conhece o valor do dinheiro; as indumentárias – o vestuário que usa não corresponde às suas medidas, como se concebesse a si muito menor e mais magra do que é... ou então busca roupas de sair à noite para co-

---

[56] Principais emissoras televisivas italianas. (N.T.)

locar cotidianamente... Experimentamos após dois meses propor também para ela a Comunidade (de onde a irmã já teve alta neste período). No início, parece aderir entusiasticamente, mas depois de uma cuidadosa preparação para a inserção, no dia em que deveria ser recebida se afasta depois de apenas duas horas para voltar à casa: *"Lá me entediava, voltarei mais tarde..."* – assim justifica o seu comportamento ao médico responsável. Durante a internação da mãe, foi lhe proposta novamente a Comunidade, mas ela preferiu ir para a casa do pai... Estabelece-se, porém, em sua casa, onde com a ajuda e com o convite das enfermeiras que a acompanham consegue fazer alguma limpeza e algum pequeno trabalho. As duas irmãs transcorrem uma tarde juntas a sós na casa durante a hospitalização da mãe. No dia seguinte, acompanhamos Emília para fazer uma consulta à mãe na Unidade. Reaparece neste período o tema do *"rapaz pelo qual teria se apaixonado há cinco anos e de quem perdeu os rastros".* Fica três dias na fila do órgão que cuida do senso da população da sua cidade para pedir e obter informações desse imaginário amigo. Aparecem também as ideias fixas e os comportamentos obsessivos (tocar a maçaneta do vizinho de casa, tocar as campainhas, repetir as mesmas perguntas). Buscamos inseri-la no Centro Diurno (estrutura semirresidencial que frequentemente utilizamos como lugares de reabilitações), mas sem sucesso. Em dezembro de 2002, decidimos inseri-la na Comunidade de modo um pouco "forte," avaliando que a fragmentação e a descontinuidade das terapias seja apenas negativa uma vez que não lhe possibilita uma continuidade e uma construção. Com muita fadiga, fica pouco mais de um mês e damos-lhe alta com um rígido e personalizado programa de atividades e momentos para desenvolver no Centro Diurno. A firmeza e a autoridade com as quais lhe propomos o tratamento de reabilitação (utilizando a arma da "possível internação", se o interrompesse) permitiu um contato quinzenal, mas nunca conseguimos com ela uma cumplicidade, uma colaboração assim como aconteceu com sua irmã.

"Adágio" final

Considerações Globais

Frente a uma situação tão complexa como esta que busquei descrever, parece evidente que o que permitiu o confronto e, de qualquer maneira, a resolução foi uma colaboração aberta e franca entre os componentes das três diferentes equipes da Unidade Operacional de Psiquiatria: a equipe da reabilitação, a da Unidade e a do ambulatório. Foi necessário separar trabalhos e responsabilidades diversas, onde cada um teria claro o que lhe seria pedido e que coisa "fazer", sabendo que cada "fazer" deveria ser consequente a uma discussão e a um contínuo esclarecimento que, momento após momento, intervenção após intervenção nos veriam unidos e determinados, todos na mesma direção. Exatamente essa confrontação contínua demandou o maior dispêndio de tempo e de energia: encontros de equipe, verificação das internações feitas, acolhimento de propostas sobre as várias gamas de intervenções que emergiam de quando em vez. A contribuição de cada um foi fundamental: o realismo e o "bom senso" das enfermeiras, a decisão e a responsabilidade dos médicos responsáveis, a coragem de alguns que se confrontava com o ceticismo de outros. O importante foi que cada um externalizasse as próprias dúvidas e as próprias intenções dentro do projeto global, que era necessariamente orquestrado para que não acabasse tudo no caos ou na anarquia das intervenções. O terreno de base que nos congregava foi, todavia, aquele da esperança de poder reconstruir "alguma coisa" no mundo e nas vivências dessas pacientes a partir do reconhecimento clínico das suas condições, da tentativa de interpretar e dar um sentido a comportamentos e situações aparentemente sem sentido e contraditórias. A convicção que nos uniu foi aquela de saber que os "sintomas" dos nossos pacientes são "sinais" carregados de conteúdos e de significados que são encontrados na profunda raiz humana e existencial deles e que a doença, mesmo aquela psicótica, não representa uma *tabula rasa* ou um redemoinho anárquico, mas possui, em si, possibilidades evolutivas significativas. Como sempre, a coisa mais difícil foi trabalhar com o respeito e convicção de que cada trabalhador (da saúde mental) possa enriquecer o outro com as suas observações e trazer contribuições inesperadas, vencendo qualquer individualismo ou personalismo que pouco se adaptam a um trabalho de psiquiatria social como pretendeu ser o nosso. Quero concluir com algumas frases de Eugenio Borgna[57], que, de maneira emblemática e luminosa documenta o sentido último do nosso trabalho:

> *A psiquiatria precisa de reflexão e de análise crítica das situações com as quais se depara, mas necessita também de atitudes de escuta e diálogo, de participação emocional, de união com os pensamentos e com os sentimentos dos pacientes... O risco da rotina é muito alto na psiquiatria: os jeitos de ser psicóticos tendem a se manifestar e tendem a se repetir de maneiras que parecem ser sempre iguais, e é fácil, e mesmo cômodo, deixar-se levar por essa impressão, sem saber que cada paciente possui uma angústia sua, uma melancolia sua, uma vida psicótica sua. Somos então capazes de renovarnos sem fim, de considerar cada experiência psicótica diferente da outra, de reviver, em nós, cada encontro com o paciente como se fosse o primeiro encontro: nunca estragado pelo hábito e nunca reduzido em suas sequências dialógicas?*

---

[57] BORGNA, E. *Lê Inttermitenze del cuore*. Milão: Feltrinelli, 2003.

Posfácio

Narrei neste livro oito histórias de pacientes que, pela capacidade expressiva de cada um e pelo particular tipo de ligação, que se foi instaurando na relação terapêutica, souberam descrever, de maneira emblemática, experiências certamente comuns a muitos outros pacientes, que nem sempre emergem com igual transparência e vivacidade. De outra parte, trata-se de histórias, de encontros, que marcaram também o caminho humano e profissional de quem, como eu, se encontrava a cuidar deles, seja como um único referente, seja como elemento de uma equipe. As oito histórias nascem da experiência passada como psiquiatra, primeiramente, nos anos que vão de 1988 a 2000, no hospital "Maggiore della Carità" de Novara, como assistente do professor Eugenio Borgna, mestre "procurado" desde os primeiros anos de especialização na "Università degli Studi di Milano", por esta razão, de 2000 em diante, como diretora da "Unità Operativa do Psichiatria" do hospital "G. Salvini" de Garbagnate Milanese, da província de Milão. Em um momento histórico no qual não existem mais mestres, ter encontrado um, representou a maior oportunidade da minha vida profissional e representa sempre um dom, uma graça para minha experiência humana. De fato, compartilhar a experiência profissional com o professor Eugenio Borgna significou muito mais que uma aprendizagem clínico-patológica rigorosa: significou compartilhar e viver por anos junto a ele e a outros colegas extraordinários pela humildade e inteligência, a enfermeiros extremamente coesos e motivados, numa modalidade de encontro e de relação marcadas por uma psiquiatria que pretende definir-se humana. Significou viver ao lado de pacientes percebendo e compartilhando empaticamente as suas condições em um clima – aquele da Unidade de casos agudos, isento de qualquer violência ou forma de coerção tão presentes em muitas Unidades psiquiátricas. O clima de equipe envolvia também, e sobretudo, os enfermeiros com os quais discutíamos e compartilhávamos, momentos de ansiedade e decisões comuns pela ótica de que a doença mental não nos coloca de frente a "monstros perigosos" ou a "incapazes", mas a pessoas que, às vezes, apresentam uma sensibilidade e uma riqueza maior que a nossa, de nós, ditos normais; pacientes que sempre oferecem espirais nas quais penetrar para fundar novamente um encontro e uma relação que parecem impossíveis e impedidos pelo transtorno psíquico. A arte da penetração nessas espirais de uma comunicação perdida foi uma das principais aquisições do ensino ali obtido. Certamente, essa realização prática é possível porque é baseada em uma posição cultural e clínica que é da psicopatologia fenomenológica. E ali tivemos um dos mestres mais representativos dessa escola. Uma das acusações, entre tantas, voltadas para esta abordagem, que pecado, minoritário da tradição psiquiátrica, é aquela da abstração teórica: grandes e complexas são as referências epistemológicas e teóricas, mas então na prática, o que vocês fazem? Qual é a forma da terapia de vocês? O que propõem em nível operativo? As respostas são claras, talvez demasiadamente simples sobre o plano operativo, mesmo se frequentemente não são recebidas porque perturbam e contestam as mais frequentes modalidades da prática psiquiátrica: a primazia dada à pessoa adoecida e aos seus sintomas então carregados de sentido e de valores a serem reconhecidos; a recusa de qualquer forma de coerção e de violência com a criação de Unidades abertas, humanizando modos e formas da internação psiquiátrica; o compartilhamento das problemáticas por parte da equipe inteira e assunção das respectivas responsabilidades. O enfermeiro, por exemplo, junto ao médico deve saber acolher o paciente no momento da entrada na Unidade (fase da internação muito delicada e importante para alcançar a aceitação dos cuidados), assim como saber controlar os comportamentos mais perturbadores do paciente, levando em conta a angústia crescente e as motivações implícitas em um diálogo contínuo com o psiquiatra responsável; o coordenador deve assumir com autoridade (que não é apenas a autoridade derivada do papel que assume) as decisões mais graves e importantes; por sua vez, os assistentes devem mediá-las e aplicá-las depois de ter esclarecido e compartilhado os objetivos sem gerar ambiguidade ou contraditoriedade nas comunicações com os doentes e com os seus familiares.

As consequências práticas geradas pelos fundamentos teóricos da fenomenologia parecem talvez demasiadamente ingênuas a quem crítica essa escola: hoje domina um pensamento operativo-pragmático, que oferece respostas simplificantes, anulando assim a complexidade do fenômeno com o qual nos deparamos, isto é, o déficit psíquico e a doença mental. Certamente cuidar de um paciente é bem diferente se o cuidado se dá na Unidade ao invés de ser no ambulatório ou na Comunidade: a situação italiana (pela sua escassa tradição clínica) apresenta uma gravíssima carência na gestão hospitalar nas Unidades para casos agudos. A maior parte dos primeiros contatos com os pacientes com diagnósticos "laboriosos" (psicoses dissociativas, ou esquizofrenias, e psicoses afetivas, ou depressões) se dá ainda pelo Pronto Socorro e então com o Unidade de Psiquiatria, que deveria estar pronto a enfrentar e acolher, com um particular cuidado e atenção, os pacientes em "exórdio psiquiátrico". Esses pacientes se recordarão por toda a vida como foram tratados pela primeira vez; sobre a base desse tratamento se poderá selar com eles a possibilidade e o consentimento para os cuidados futuros, ou mesmo a recusa categórica a qualquer tratamento.

O livro contém propriamente as histórias de pacientes internados na Unidade, por bons doze anos da minha história profissional que se desenvolveu neste âmbito. Desde setembro de 2000, encontrando-me a dirigir uma inteira Unidade Operacional de Psiquiatria (ambulatórios, unidades, Comunidades residenciais de diferentes ordens e graus, Centro Diurno), toda a bagagem apreendida anteriormente se transformou num desafio a ser reinvestido e a ser declinado nas diversas etapas da intervenção terapêutica, que prevê outras fases de tratamento após o episódio agudo. Ao trabalho clínico em *stricto sensu* se somou o trabalho de gestão, com todas as problemáticas que dele derivam e que não é possível deste lugar enfrentar de maneira exaustiva – parece-me importante, porém, reafirmar que, na tentativa, ainda, a se construir, depois de anos, de encontrar um saudável equilíbrio entre esses dois aspectos, isto é, que permite fazer Unidade, ditar os critérios também no trabalho de gestão, é ainda a clínica, entendida como centrada na pessoa e nas suas específicas necessidades dentro do contexto no qual nos encontramos a enfrentá-los.

Os últimos trabalhos do livro documentam propriamente o esforço, não apenas clínico, mas também organizativo da assunção de cuidados daqueles casos particularmente complexos para os quais são necessários os esforços integrados de todos e o contínuo diálogo. Trabalhar junto é seguramente uma das coisas mais difíceis para profissões como a do médico e, sobretudo, a do psiquiatra, que tendem a gerir de maneira individualista casos e problemas. A ótica pela qual nos movemos, no trabalho da psiquiatria social, ou como se prefere dizer hoje da psiquiatria de Comunidade, é aquela da integração em todos os níveis. Nas oito histórias que correm ao longo do livro, são revistos os principais temas inerentes às experiências psicóticas: no *O homem das aranhas* se trata de um autismo esquizofrênico e se pretende documentar a permeabilidade ao encontro que sobrevive também em casos tão extremos de ausência autista como aquele referido. A compreensibilidade dos sintomas tais como o delírio e as alucinações (*O homem dos limões*) encontra fundamento na reconstrução histórica da vida e dos fatos da vida que se realiza com escuta atenta da história de cada paciente. O problema do diagnóstico na psiquiatria (*O homem da morte impossível*) é posto identificando-se o momento diagnóstico no seu aspecto dialético e flexível como ajuda à relação e não homologante em rígidos esquemas nosológicos. O tema da hereditariedade do transtorno mental é exposto de maneira dialética em relação ao papel desenvolvido, então, pela influência dos fatores histórico-ambientais e afetivos em determinar o transtorno mental (*Para além daquela esquina*).

Outro aspecto importante é o da violência, dos comportamentos agressivos no paciente, que frequentemente são induzidos por nós, pela nossa forma de violência que é a indiferença: aquela estranheza, frieza, distância, que nos prendem nos confins do paciente mesmo, que provocam nele reações contra-agressivas propriamente porque nos sente assim particularmente distantes, indiferentes e por isso hostis à sua dor.

O problema da ética entendida como prioridade dada ao encontro interpessoal faz pano de fundo a todas as histórias: apenas essa modalidade relacional permite alcançar a colaboração, o consentimento, os cuidados que, na maioria das vezes, não é alcançado porque não é suficientemente pesquisado por nós, cedendo a comportamentos marcados pelo ceticismo ou, pior ainda, pela ausência de assunção de responsabilidades.

As últimas histórias incidem sobretudo nos aspectos do trabalho em equipe e da gestão das intervenções múltiplas nas quais estão empenhados não apenas psiquiatras, mas também assistentes sociais, educadores e enfermeiros, como no caso dos pacientes multiproblemáticos ou das famílias em que vários membros são acompanhados pela equipe.

Uma mensagem une as histórias narradas e a documentação apresentada: a razoabilidade da esperança, também quando se trata de tentativas de suicídios e de suicídios com êxito, como nas duas histórias narradas, a de Paulo e Franco; até mesmo nesses colhemos o grito de vida e o afã do seu significado e nos encontramos companheiros de caminho tentando, não conseguindo naqueles casos, reconstruir uma possibilidade de vida. Mas propriamente neste mistério que é a vida, acende-se a esperança e se lança continuamente a aventura dramática e fascinante do nosso trabalho.

Referências Bibliográficas

BARISON, F. Comprendere lo schizofrenico, *Psichiatria generale dell'eta evolutiva*, 25, 3-13. Padova: La Garangola, 1987.

BINSWANGER, L. *Per una antropologia fenomenologica.* Milão: Feltrinelli, 1970.

BINSWANGER, L. *Melanconia e mania.* Torino: Bollati Boringhieri, 1971.

BISWANGER, L. *Il caso Ellen West Ed altri saggi.* Milão: Bompiani, 1973.

BORGNA, E. *I conflitti del conoscere.* Strutture ed esperienza della follia. Milão: Feltrinelli, 1988.

BORGNA, E. *Malinconia.* Milão: Feltrinelli, 1992.

BORGNA, E. *Come se finisse il mondo.* Milão: Feltrinelli, 1995.

BORGNA, E. *Noi siamo um colloquio.* Milão: Feltrinelli, 1999.

BORGNA, E. *L'arcipelago delle emozioni.* Milão: Feltrinelli, 2002.

BORGNA, E. *Lê Inttermitenze del cuore.* Milão: Feltrinelli, 2003.

CALLIERI, B. *Quando Vince l'ombra.* Problemi di psicopatologia clínica. Roma: Città Nuova, 1982.

CARGNELLO, D. *Alterità e alienità.* Milão: Feltrinelli, 1977.

CAZZULLO, C. L. La fenomenologia: terreno di incontro tra filosofia e psiquiatria. In: CAZZULLO, C. L.; SINI, C. *Fenomenologia: filosofia e psiquiatria.* Milão: Masson, 1984.

COTARD, J. Du délire hypochondriaque dans une forme grave de la mélancolie anxieuse. In: *Annales Médico-psychologiques,* 38, 168-174, 1880.

FERLA, M.T.; MITTINO, F. Psicopatologia e prassi psiquiátrica. In: BALLERI, A. ; CALLIERI, B. (Org.). *Breviario di psicopatologia.* Milão: Feltrinelli, 1996. p. 75-77.

FORNARI, U. *Psicopatologia e Psichiatria forense.* Torino: Utet, 1989.

GIUSSANI, L. *Perchè la Chiesa*. Milão: Rizzoli, 2003.

GLATZEL, J. Über den manischen Autismus, *Shweizer Archiv für Neurologia, Neurochirurgie und Psychiatrie*, 130, 69-73, 1982.

JASPERS, K. *Psicopatologia generale*. Roma: Il Pensiero Scientifico Editore, 1992.

KIELHOLZ, P. *Diagnosi e terapie delle depressioni*. Torino: Minerva Medica, 1968.

LAING, R. D. *Normalità e follia nella familia*. Torino: Einaudi, 1970.

LEONHARD, K. *Le psicose endogene*. Milão: Feltrinelli, 1968.

MASTELLA C.; COLOMBO, G. Medea: La madre che uccide, *Quaderni italiani di Psichiatria*, v. XVIII, n.1, 1999, 3-21.

MINKOWSKI, E. *Trattato di Psichiatria*. Milão: Feltrinelli, 1973.

MINKOWSKI, E. *Il tempo vissuto*. Torino: Einaudi, 2004.

SCHELER, M. *Il formalismo nell'etica*. Milão: San Paolo, 1996.

SCHELER, M. *O formalismo na ética*. Milão: San Paolo, 1996.

SCHNEIDER, K. *Psicopatologia Clínica*. Roma: Città Nuova, 1983.

SHAKESPEARE, W. *A tragédia de Hamlet:* príncipe da Dinamarca. 3.ed. rev. Tradução de Péricles Eugênio da Silva Ramos. São Paulo: Abril Cultural, 1976. p. 58. (Ato I, cena V, linhas 166-167)

STAROBINSKI, J. *L'immortalité mélanconique*. Le temps de la réflexion. Paris: Gallimard, 231-251, 1982.

WEITBRECHT, H. J. *Compendio di Pichiatria*. Pádua: Piccin, 1970.

WIEL, S. *L'ombra e la grazia*. Milão: Rusconi, 1985.

Nota do Tradutor

A publicação em português deste livro de Maria Teresa Ferla só se tornou uma realidade graças à exigência de bem de algumas pessoas. Gostaria de citar o fundamental e inestimável auxílio do Prof. Dr. Miguel Mahfoud e Sônia Maria de Andrade, assim como, não posso deixar de citar a ajuda de André Ramalho de Castro e Bernardo Teixeira Cury. Gostaria também de agradecer ao Prof. Yuri Elias Gaspar.

As imagens das capas do livro fazem parte da belíssima mostra de arte chamada "Alchimie dell'arte" (www.alchimiedellarte.com), apresentada em Verona (Itália), que tem Daniella Rosi como curadora. Essas imagens da capa, que foram gentilmente cedidas pelo criador Armando Fasan, fazem parte de um trabalho chamado "La moda".

Agradeço a Deus o privilégio de ter junto a mim essas pessoas de bem ao longo dessa jornada e também por poder, junto a elas, compartilhar a alegria desta publicação.

Guilherme Wykrota Tostes